半年で職場の星になる!

働くためのコミュニケーション力

山田ズーニー

筑摩書房

目次

半年で職場の星になる！
働くためのコミュニケーション力

はじめに　半年で職場の星になる！

これは、あなたが職場の星として輝くための本だ。

「たった半年で？」と笑う人もいるかもしれない、でも、私自身がたった半年で限界突破した経験に基づいている。

私は三十三歳のとき、東京に転勤になり、新しい職場でまったく話が通じない危機に襲われた。それまで岡山で十一年やってきたことが、通用しないどころか、東京の社員たちにばかにされる。四月に転勤してからどんどん自信を無くし、五月には出社拒否寸前まで追いつめられた。

ところが、あることで限界突破、その年の十月には、入社して最高の成果を出すことができた。上司には入社以来最高の評価をもらい、会議では一発で意見が通り、後輩たちからは次年度いちばん一緒に働きたい先輩と支持された。

そのとき、私が変えたのはコミュニケーションだ。たった半年で、私を職場で輝かせたのは話す・書く・読む・聞くの地道な取り組みが、たった半年で、私を職場で輝かせたのだ。

上司や同僚の発信は、たとえメールでも、プリントアウトして、二回通して、線を引きながら読んだ。会議の資料などは、書いた人の文脈に身投げするくらいの必死さで理解しようと努めた。

そうするうちに、入社から十一年、いかに自分勝手に人の話を聞き、自分の都合で会社の文書を読んでいたかを思い知らされた。

入社するときは、「一緒にいいものつくるぞ!」と同僚と心は一つだったはずだ。しかし、十一年経つうちに、経理は経理の世界だけを見、営業は営業の世界だけを見、私は編集で、編集以外の仕事が見えなくなってしまっていた。

会社を選んだ以上、分業を選んだはずなのに。自分ひとりで全部はやれないから、売ることは営業がやってくれる、お金の管理は経理がやってくれる、自分は編集のことだけやっていればいい、会社というところはなんて効率がいいんだと思っていたはずなのに。

十一年経つうちに、「なぜ営業は売ることばかり考えるのか」「なぜ経理はいちいちお金にうるさいのか」と腹を立て、分業した別の持ち場を守る同僚のことも、上司のことも、わかろうとさえしない私がいた。

仕事を二百メートル走にたとえると、従業員二百名の部署で、私たちは、一メートルの区間ずつ、自分の持ち場を任され、リレーしていく仕事人だ。いつのまにか私は、自分の持ち場の一メートルだけはオリンピックの選手なみに磨き上げ、しかし、仲間の持ち場である一九九メートル分はまったくわからない人間になってしまっていた。

私の限界突破は、まず、自分のすぐ上の上司のことを理解することから始まった。そして、リレーのすぐ隣りの区間にいる営業への理解。

話す・書く・読む・聞くを通して、相手の言葉を正しく深く理解していくと、やがて相手の文脈がわかり、理解しがたかった相手の言動も次々と腑に落ちていった。

相手をわかり、自分の意志を伝え、通じ合うことをコツコツコツやっていった果てに、私は小さな一メートル区間の優勝者でなく、大きな二百メートルを支える一員になっていた。そのとき、私の言葉は、タテにヨコに社内を駆け巡って通じるようになっていた。その時私自身がきらきらと輝いていた。

新しい職場に移ってちょうど半年後のことだ。新人も、新しい職場に移った人も、半年あれば充分、職場を理解できると思う。だから、本書は新人に言及した個所が多いが、もちろん、同じ職場に長くいる人が本書を実行すれば、なお輝くことは言うまでもない。

どの職場にも、きらきらと輝くように仕事をしている人がいる。その人がいるだけでみんな元気になる。行き詰まったときも、その人の存在が希望になる。

そんな職場のエースとして、あなたにますます輝いてほしい。

半年後、あなたは職場の星になる！

第1章　まず等身大のメディア力を持つ

1　新入りの言葉はなぜ通じないのか

新卒で企業に入社して、やっと丸一年をむかえた男子社員Aさんにたずねた。

「新人のころ、会社に意見をしましたか？」

「最初の半年はガンガン言いました。言いたくなくても、そのうち言わずにおられなくなるんです。ウチは社長が話せる人だったんで、新人でも、何でもどんどん言っていいという感じだったんで」

とAさん。

「新人が文句を言って、なにかほんの一ミリでも会社は変わりましたか？」

するとAさん、キッパリ！　と言い切った。

「なんにも変わりませんでした。驚くほど何ひとつ会社は変わりません。言って何か効果があったとすれば二つ。一つは、自分の気が晴れた。言えないとストレスになります。言えばまあ気は晴れます。もう一つは、半年間ガンガンに言ったことで、言っても会社は何ひとつ変わらないということが身にしみてわかった。それで切り換えられました。それからの半年は、〝会社に言う〟んじゃなくて、〝自分で動く〟ようになったんです。たとえ小さな仕事でも、自分から率先して動くようになると、まわりの目も変わるし、みんな協力的になるんだなということがわかってきて、それからうまくまわりはじめました」

入社半年、新人の正論はなぜ通じないのか？　言っていることが問題ではない。言い方が問題でもない。

「何を言うかより、だれが言うか」が問題なのだ。

職場で最も通じる表現は、「仕事で成果を出す」ことだ。だれの目にもあきらかな成果を出せば、以降、自分の言葉の届き方、周囲の反応、ものごとの進めやすさが格段に変わる！

仕事で成果を出してやっと一人前。それ以前の自分は、まだ信用されていない「半人前」と心得よう。新人だけでなく、新しい職場に移ったばかりの人も、やはり信用は半人前だ。半人前の期間に何が起きているかといえば、まわりからずっと「値踏されているような状態なのだ。職場の人たちは、新入りがどんな人間か気になってしかたがない。

「こんど入った新人ってどんな子なの？」

「空気読めない子じゃないかしら？」

「実はかくれたとこで性格悪かったりして？」

「戦力になってくれるのかしら？」

「足ひっぱられて効率落ちたらどうしよう？」

だからこの時期、新入りが、まっとうなことを言っても、職場の人たちは、内容以前に、その人間性のほうが気になってしまう。

「異動してきたばかりのくせに偉そうなこと言うわね」

「コイツこう見えてけっこうインテリなんだな」

「ウチの部署に配属になったのはミスマッチじゃないか」

というぐあいに値踏みがはじまる。

だからこの時期は何を言っても、わかってくれているような、わかってくれてないような、ニブイ反応、怪訝《けげん》な顔しか返ってこない。

「くれ文」を書いていないか

値踏みされている状態はツライ。

ただでさえ自尊心が痛む。とくに大学までずっと地元で育ったとか、小中高大とずっと同じスポーツをやってきたとか、ずっと同じ職場にいたとか、それまで、何も言わなくてもわかってくれる人、自分への理解がブレない人に囲まれてきた人ほど、自分のことをまったく知らない他人の中で、値踏みの視線をあびて過ごすのは屈辱的だ。

そんな時期に、ちょっとした失言とかミスをして、先輩たちから過剰反応されたり、自分のことを誤解されたりした日には、

「ちょっとまってくれ、自分はそんな人間じゃないんだ」

「そんな問題児を見るような目で見ないでくれ」

「こう見えても自分はけっこうやればできる人間なんだ」

と、つい自己弁護・自己証明をしたくなる。

職場では、「仕事で成果をあげる」ことが唯一の自己証明だ。けれどそれはすぐできず、地道で時間のかかる作業だ。それで性急な方法で、つい自己証明をしてしまう。

つまり、仕事を「する」のでなく、「言う」という方法で。

「言う」ほうが「する」よりずっとてっとりばやい。会社に正論で意見してみたり、

自分の見聞や知識、経験をちょっと自慢げに披露してみたり、あるいは周囲からちょっと注目をあびるような自己アピールや、先輩サービスに走ろうとしたり……。

ふだんあまり自己主張しない無口な人が、新入りの間、なぜか口数が多くなったり、ふだん明るいおおらかな人が、妙に不満がましくなったりするのも無理もないことだ。

それで、いきおい「くれ文」を書いてしまう。「くれ文」とは、相手に与えることをせず、「くれ、くれ」ばかり言うこんな文章だ。

「この会社、もっとIT化が進んでいると思っていたのにがっかりです……」

「先輩に、キミはこの仕事に向いてないと言われてしまいました。私、才能ないんですかねえ……」

会社の設備を整えてくれ、不安な自分を慰めてくれ、励ましてくれ、わかってくれ、認めてくれ、褒めてくれ、くれ、くれ、くれのオンパレード。

値踏みされて揺らぐ自信の裏返しに、職場の人に「くれ、くれ」と言ったところで通じるわけがないし、ましてや人を動かし、会社を動かすわけもない。

新しい職場での必達目標とは

「値踏み」はするほうだってツライ。

私たちは「どんな人かまだよくわからない人物」を「どんな人かまだよくわからないまま」に、「決め込まないで」つき合っていくのがとてもニガテだ。はやく決め込もうとする。

一年じっくりつきあったあとに、よーく考えて、「あの新入りは少しだけ性格がきついな」というのではない。

最初の二、三回のコミュニケーションで、いや、たった一回、はじめてのコミュニケーションの印象で、無愛想なら、「礼儀がなってない新入り」とされてしまう。たった一通あなたがはじめて先輩に送ったメールで、ちょっとたてついたら、「コワイ新入り」、ということになってしまっている。

現代人は決め込みもはやいし、見切りもはやい。一度にたくさんの情報をさばかなくてはいけないから新入りの値踏みにいちいちじっくり手をかけていられないのだ。

新入りは値踏みされている。早々にどんな人間か決め込まれようとしている。一度ついたイメージはなかなか壊してもらえないし、そのイメージにあわせて自分の言動が見られてしまう。

まず、この厳しい現実を受け止めることからはじめよう。

半人前の信頼しか得られないことが、コミュニケーションにおいていかにツライか。

自分の発言、文章、コミュニケーションのつつうらうらまで半人前しか通じない。だから、「自分の信頼性をいかに高めていくか」、これが新入りのコミュニケーションの必達目標だ。

自分のメディア力を高める

自分という人間の信頼性・影響力・発言力のことを「自分のメディア力」と呼ぶ。人間もメッセージを伝える媒介＝メディアだとすれば、自分のメディア力はいまどのくらいだろう？

たとえば、あなたにお祝いのメッセージが届いたとする。それぞれ発信者を思い浮かべながら読んでほしい。

おめでとう　（イチローより）

おめでとう　（連続強盗殺人犯より）

おめでとう　（母より）

言っていることは、すべて同じ「おめでとう」の五文字なのに、「だれが言うか」であなたに与える印象がガラリと違う。嬉しいか嬉しくないかさえ違ってくる。人は好きな人の言葉は良く聞こうとし、きらいな人の言葉は聞くのもいやだ。

あなたの言葉が職場で通じていくために、まずは「あなたのメディア力＝信頼性」を日々のコミュニケーションを通じてコツコツと、高めていこう。

第一歩として、新人アンケートの自由感想欄や、日誌などには「与え文」で書こう。「与え文」って、読む人に情報や知識を提供すればいいの？　というと、ちょっと違う。

あなたの文章を読んだ、先輩や同僚、上司や社長が、読み終わったあと、ちょっと元気になる・やる気がでる・前向きになる、つまり「パワーもらった」と思える文章だ。

たとえどんなにつらく、愚痴をこぼしたい心情でも、それをそのままアンケートで吐露するのではなく、かといってウソを書くわけでもない。ちょっと未来に目を向けて、あなたがいまの職場で成果を出す日を思い描いてみる。その日のために役立つことはなんだろうか、と考えて、「あなたがこの職場に来て、つかんだこと・発見したこと・身につけたこと・できるようになったこと」を書いてみてはどうか。
自分の仕事の意欲も上がるし、読んだ人も前向きになる。

コミュニケーションは自分と相手の間に橋をかけるような行為だ。

メディア力半人前の今だからこそ、小さくても信頼の橋がかかったときの歓びは大きい。あなたらしく、コツコツと、出逢う人との間に、小さくても信頼の橋をかけていってほしい。

2　一発で信頼される「人の話を聞く」技術

職場で必要な「聞く技術」とは、録音機のような聞き方ではない。「おかん」のように話を聞く力だ。関西では、母のことを、尊敬をこめて「おかん」と呼ぶ。「おかん」は、実はいい言葉なのだ。あとで理由を述べるが、あえてこの言葉を使わせてもらう。

ここでは一発で信頼される「人の話を聞く」技術をつかんでいこう！

この三つにあてはまる人はいないだろうか？

・ちゃんと話を聞いているにもかかわらず、上司や先輩から、「人の話、ちゃんと聞いてる？」と確認されてしまう。

・「人の話をちゃんと聞け！」と注意されたことがある。

・わかりきったことをくどくど言われたり、同じ話を何回もされたりしてしまう。

とくに三番目の、わかりきったことをくどくど説明されたり、同じことを何回も何回も言われたりで、「もう、うんざりだ。うちの上司はクドイ」と思っている人もいるんじゃないだろうか。しかし、あなたの上司が特別クドイわけではないのだ。人が同じことを何度も言うときは、「相手に自分の話をちゃんと聞いてもらえている実感がない」ときだ。そう、あなたの聞き方は相手に不安を与えている。「ちゃんと聞いてるか」とよく確認される人、「人の話をちゃんと聞け」と注意される人も同じだ。

相手に、聞いていることを証明しながら聞く。

これが、まだ信頼関係を築く途上の人には、とくに求められる聞き方なのだ。でも、「聞いていることの証明」ってどうすればいいのだろう?

安心を与える話の聞き方

そもそも、あなたは人の話をどこで聞いている? 「耳に決まってるじゃないか!」

と怒らないで、もしそうだとしたら、今日から、「目」で聞いてほしい。

人の話は目から入れて、心に刻む。

耳から入れて頭に刻むのではない。理由は後で述べるが、たったこれだけのことで、「聞きベタ」を自称する人が、相手に好感・安心感をもたれ、「すごくよく話を聞いてもらえた」「うれしかった」と感謝されるほどなのだ。私は、コミュニケーション研修でそういう例を数え切れないほど見てきた。

「よくわかります」
「私もそうおもいます」
「その意見おもしろいですね」

など、「理解や共感の言葉」をはっきり口に出して伝えるのもいい。これだけでも相手は安心する。

ただ、これだけでは「証明」には、ならないんじゃないか？　ただ「わかりました」と口で言うだけなら、相手の話が本当は「わかっていなくてもできる」ことだ。相手が、「まぎれもなくわかってもらえた」と納得し、あなたへ信頼を寄せるような、そんな聞き方をするにはどうしたらいいのだろう？

一発で信頼される！　聞く技術

次の「三人の新人」の聞き方をみてほしい。

あなたが上司だったら、だれを信頼するか？　だれと一緒に働きたいか？

上野課長は、急にニューヨークへ行くことになり、新人の三人、梅田、竹下、松本を呼び寄せた。

上野課長「けさ五時に電話で起こされてね、むこうで支店長がたおれた。夕方の便で、ニューヨーク支店に向かう。留守をするにあたり、なにより気がかりなのが、明日からはじまるキャンペーンだ。小規模だが、これを成功させないと、あとあとの展開に影響する。それどころか、予算をカットされる可能性だってある。ああ、こんな大切な場に立ち会えないなんて……。俺の代わりがいないか、探したんだけど、ニューヨークの件と、全社会議とで、みんな、いっぱいいっぱいなんだ。二年目以上の社員がだれも現場にいないことになりそうなんだ……って、おい！　おまえたち、ちゃんと人の話、聞いてんのか？」

梅田　「あのー、課長、ちょっといいですか？　明日までに課長に提出する、ボーナスの査定の自己評価表はどうしたらいいんでしょうか？」

上野課長　「こんなときに、おまえ何言ってんだ⁉　俺の話を聞いてなかったのか」

梅田　「聞いてます。聞いてるから言ってるんです。夕方から留守にするとおっしゃったんで……、評価にかかわる大事なことですし……、いま聞いておかないと聞けなくなると思って……」

上野課長　「わかった、その件はあとで連絡する。おい竹下、おまえはちゃんと聞いてるか？」

竹下　「あ、はい。課長は、ニューヨーク支店長がたおれたため、夕方の便でニューヨークに向かわれる。明日からはじまるキャンペーンのことを気にかけていらっしゃる。成功しないと、予算をカットされる。課長の代わりを探されたけれど、みなさん手いっぱいで見つからない……。そこまでちゃんと聞いておりますが」

上野課長「うーん、まあ、聞いてるならいい。おい松本、おまえはどうなんだ。ちゃんと聞いてるか?」

松本「留守中のキャンペーンは、〝新人だけで是非とも成功させろ〟。私は、上野課長のお話を、そう理解しました」

上野課長「そう! それだよ、それ、それ!」

「聞いていることの証明」ができたのは最後の松本くんだ。

最初の梅田さんは、「相手が話し終えるとすぐ、自分の言いたいことを言う」タイプ。ここでも、「自己評価表はどこに出せばいいんですか」と課長が話し終えるやいなや、「わかります」「大変ですね」などの相手の発言を受ける言葉をいっさい挟まないで、いきなり言いたいことを言っている。こういう人は、別に聞き取り能力に問題があるのではないことが多い。むしろ、「ちゃんと聞いてわかっているんだから、わざわざ聞いている意思表示をしなくても、相手もわかってくれるだろう」と、あいづちなどのリアクションを省いてしまうのだ。

相手の発言へのリアクションをショートカットしても、信頼関係ができていれば、それはそれで、会話は成り立つ。しかし、信頼を築きながら会話を進めていかなければいけない新人のうちは、相手の発言にノーリアクションでは、いかに自分の中でよく話を聞いてわかっていたとしても、相手にはまったく伝わっていない。ちゃんと聞いているにもかかわらず、「あいつは人の話を聞かない新人だ」みたいなことを言われてしまうのはそのせいだ。

梅田さんの場合、「そうですか、上野課長、ほんとに大変ですね」などとリアクションをした上で、「こんな大変なときに口を挟んで恐縮ですが、一点だけ、先に質問させてください」とエクスキューズを入れて切り出せば、まだ、失礼にならなかったのではないか。

二番目の竹下くん。ちゃんと話を聞いているかと言われれば、聞いているにはちがいない。相手の言ったことを、相手の言った言葉を使い、相手の言った順番で、ある程度縮めて再現できている。国語なら三〇〇字程度の長文を読んで、四〇〇字程度に、筆者の言葉を使って要約できるような、そこそこ理解力のある人だ。でもどうしてだろう、国語のお勉強とちがって、自分の言ったことを言ったままに再現されても、どうしてか、「わかってもらえた！」と納得するまでには至らない。

言葉は手段だ。手段を通して、「本当に伝えたいこと」がある。

課長は、出張の準備で一分一秒忙しい時間をさいて、わざわざ新人三人を呼び寄せ、何を伝えたかったんだろうか？　ただキャンペーンが気がかりだと不安をもらしたかっただけなのか？　自分の代わりが見つからないと説明したかっただけなのか？　そんなことを言うために、わざわざ新人を呼び出したのだろうか？　そう考えていくと、竹下くんが縮めて再現したことは、課長が「本当に伝えたいこと」を伝えるための、手段に過ぎないことがわかる。

課長の本意を的確につかんだのが松本くんだ。

「新人の三人で、何としてでもキャンペーンを成功させてほしい。失敗は許されないぞ、頼んだぞ！」というのが、課長が本当に伝えたかったことだ。

松本くんの理解力は、たとえ一〇〇〇〇字クラスの長文を読んでも、「筆者の言わんとすること」を一文＝七〇字以内で要約できるような力だ。ほぼ一文で、相手の長い話を要約するとなったら、もう、文章のあそこを取って縮め、ここを取って縮め、というようなことではとても追いつかない。

「相手はそもそも、なぜいま、それを言おうとしたのか」、言葉の「背景」にあるものや「動機」、根底にある「想い」などを主体的に汲み取って、自分の言葉で短く言い換える必要がある。

たとえば、便箋一〇枚のまわりくどいラブレターも筆者がそれを書いたそもそもの動機を考えると、「好き」という、たった二文字で要約できる。

相手の話を短く言える、ということは、相手の話を深く的確に理解しているということだ。逆に言えば、自分の言葉で短く言えないものは、実は自分でもよくわかっていない、ということなのだ。

想いを汲み取る要約を挟め

「仕事」で求められるのは、「要するに……、要するに……」で人の話を聞く力＝要約力だ。

実はこの聞き方をしているのが全国の「おかん」たちなのだ。「お母さま」「奥様」と呼ばれるような、上品で高尚な言葉を操る人たちではない、ちまたで、だれもが使う、だれもが理解できる、平易な言葉で話す「おかん」たちだ。

私自身も幼いころ、心が千々に乱れて学校から帰ると、おかんに話を聞いてもらった。「友だちとケンカした」「あしたから一人で学校いく」「友だちがひどい」「私がわるい」。自分でも、自分の言いたいことがわからない、まとまりのない話を、おかんは黙って聞いてくれて、最後に絶妙な「ひと言」でまとめてくれた。

「本当は仲直りしたいねぇ」

そのツボを押さえた「ひと言要約」にどれだけ励まされたか。「自分のことを、おかんはわかってくれているなー!」と、ゆるぎない実感を得た。

適度に要約を挟みながら聞く。

これが信頼を築くための「聞く技術」だ。社内外で信頼関係を築く途上の人には必須の技術と言える。

「おっしゃりたいことは、つまりこういうことですね」と、話の要所で、相手の言わんとすることを極力短く一文で、可能なら「おかん」のようにひと言で、要約して伝えてみよう。

相手の話にこめられた本意は、相手がだれよりいちばんわかっている。要約が相手の腑に落ちれば、相手は理解の的確さで、自分のことを信頼せざるをえない。

要約の段階では、自分の評価や感想をいっさい混ぜず、あくまで「相手の言わんとすること」を、「自分の言葉」で短く、つかむのがポイントだ。

このような要約をしようと思ったら、言葉尻だけでなく、相手のバックボーンや想いを汲み取る必要がある。

「おかん」が「ひと言要約」の達人なのは、生まれた時から子どもを見ていて、その言葉の背景にあるものや想いを汲み取ることがうまいからだろう。同様に、相手の言葉だけでなく、その背景にある想いまでを汲み取ろうと思ったら、耳で言葉を聞くだけでなく、相手の表情や全身に注意をこらすことが必要だ。

つまり、「目で聞く」。

聞き上手になりたいなら、相手の話は目で聞き、「おかん」のような要約を、ここぞというところで効かせよう！

要約は、はじめは失敗しても、それで自分の「わかったつもり」が払拭できるし、相手との「ずれ」にはやく気づける。要約はやっているうちに着実に上達する。

相手が「そう！　それが言いたかったー！」と目を輝かせたら、要約が腑に落ちたサイン。

そのとき信頼の橋は架かっている！

3 上司を説得するチカラ

ここでは新人の「人を説得する力」について考えよう。

入社しばらくたつと、新人は次々と見えない壁にぶつかり出す。「上司」という壁だ。

「上司を説得するにはどうしたらいいか……」

会社では必ずしも正しいことが正しいと通らない。「少なくともこの件は自分のほうが上司よりわかっている」ということでも、たやすくくつがえされてしまう。ここでの正義は「上司」だ。上司の承諾がないと半歩も前へ進めない。

新人のなかには、おべっかを使う人も出てくる。おべっかを使いながらそんな自分にへこんでいる。

理詰めで説得しようと、自分の正しさでたたみかけ、弁舌をふるう新人も出てくる。しかし、入社まもない新人の正論は届かない。前述したとおり新人は「値踏み」されているからだ。

あの手この手の策略も通じない。いかに自信のあるアイデアだろうが、努力して考え抜いた企画書だろうがカンケイない。上司は態度を変えない。

学生時代まで思いどおりにできてきたことが、何ひとつ思いどおりにできなくなる。これは予想以上に屈辱的だ。仕事上のこととわりきれない。ときに「自分が全否定」されたような痛みが襲う。


ここで、新人の対応は分かれる。

「裁く人」

「あきらめる人」

「闘う人」


「自分はこの仕事に向いてない」「能力がない」と落ち込む人がでてくる一方で、「会社の体質が古い」「あの上司は見る目がない」と会社や上司を恨む人も出てくる。

これらは逆のようで、根は同じだ。

自分のキャパで現実がのりきれないとき、自分か、現実か、どっちが悪いかと「裁く」。つまり、「自分が悪いか、上司が悪いか」。早々に裁いて決めつけないと落ち着かない。

その果てに、あきらめて上司の言いなりになる人、反旗をひるがえして闘う人が出てくる。入社まもない新人が、上司とまともにやりあったら、ひとたまりもない。びっくりするほどの早さ、力の差で、首根っこをつかまれ、地面にねじ伏せられる。そして、こう言われる。

「おまえの代わりはいくらでもいる」

「信頼＝半人前」であるがゆえに、言葉も、説得力も、ふだんの実力の半分以下しか届かない自分を知る。


裁くな！

あきらめるな！

闘うな！

闘う相手は自分しかいない。新人は内側も揺らいでいる。もう使い古された言葉だけど、「アイデンティティの危機」だ。学生までと、あまりにも使命も環境も求められる能力も変わり、自己像がいったん解体して、まだ像を結んでない。

新人は、内からは「自己像の揺らぎ」、外からは「値踏み」。

「おまえ何者？」の問いが常に、内からも、外からも、突きつけられ続ける。ほんとうにツライ立場なのだ。

でも、安心してほしい。それがわかっていれば、コミュニケーションの立ち位置をまちがうことはない。エゴから出た、自己証明のためのむやみな闘いで人を傷つけることもない。

「おべっか」も、「策略」もやめとこう。それらは結局「ウソ」だ。カンのいい上司にはわかる。それに、偽りで操作して意のままになる上司なんて今後、尊敬する気になるだろうか？

「ウソ」はやめよう！

「ウソ」は、あなたの「メディア力＝信頼性」の形成に傷をつける。そもそも、新人にとって、「人を説得する力」って何だ？「説得力＝相手を変える力」と考えているなら、それは間違っている。

あなたは組織を変えるために会社に入ったのか？

上司の考えを変えるために会社に入ったのか？

結論から言うと、新人にとっての「人を説得する力」とは、人を変える力ではない、「人を認める力」だ。

新人よ、上司を説得するな！

上司を認めろ！

なぜなら、そこは「社会」とつながっている。あなたは「行き先のある船」に乗ったのだ。学校と会社が決定的に違う点、それは「利益を生む」ことだ。人生で未踏の「利益を生む」という世界にあなたは足をつっこんだばかりだ。「別世界」だ。

学校でやっていたような《普遍的正しさ＝正解を競う世界》ではない。スポーツのように強さ・速さ・勝ち負けを競う世界でもない。

地球の血管をお金という血が駆けめぐっている。実社会は、人・モノ・カネ・サービスが絶えず激しく循環している大海原だ。この大海原に、自分が貢献し、その対価として報酬を得、自分と社会をヘソの緒でつなぐ。これが「社会にデビューする」＝

「就職」だ。

でも、まだ一度も働いたことのない人間が、ダイレクトに自分と社会をつなぎ、利益を生み続けて生きていくなど至難のわざだ。そこで、利益を生み続けるという至難のわざを、チームでやっていこうという方法がある。

「会社」はすでに、社会とヘソの緒をつなぎ、大海原を自由に航海している船だ。この船に、乗組員として手をあげることで、あなたは間接的に社会に出て行くことができる。

就職ではなく、「就社」だ。利益を生むことに正解はなく、それぞれの会社が、思い思いの行き先を目指して航海を続けているけれど、ひとつ言えるのは、それぞれの船には行き先があるということだ。

会社には会社の方向性がありゴールがある。

上司には上司の方向性がありゴールがある。

厳密に言えば、あなたはまだ社会とつながっていない。船はすでにしっかりと社会とヘソの緒を結んでいる。だが、あなたは船と、まだヘソの緒を結んでいない。乗組員として信頼され、船とヘソの緒を結ぶことで、はじめてあなたは社会とつながる。
どんなに理不尽に見える上司だろうが、どんなに会社の方針に不満があろうが、本当の意味で社会に出る道はひとつ、「上司から信頼を得る」。ここからはじめるしかない。

ひどい上司にあたった人は、ほんとうにツライと思う。だが、自分と上司のつながりは、個人と個人の問題のようで実はそうではない。そこは社会への入り口だ。あなたと社会が、つながるかつながらないかの問題なのだ。

いやな上司一人、信頼が得られないようで、その先に大海原のようにひろがっている社会と信頼関係なんて結べるものか！

上司を全人的に受け入れなくてもいい、自分を全人的に受け入れてもらえなくてもいい。仕事に必要な信頼を築くのだ。

ここをクリアして実質社会デビューすれば、顧客の反応で、実績で、あなたの実力を証明できる。

「そんなことなら自分は組織に向かない、個人での社会デビューを目指せばよかった」という人もいるとおもう。私も、企業から個人へと転向したから止めないが、フリーランスからはじめた同級生、個人で会社を起こそうとしている同級生は、事務所を探したり、人材を募集したり、それこそ、仕事場の机ひとつ、椅子ひとつ買うところから、それらの資金をつくるところからスタートしている。あなたの会社のような規模で、あなたのような遠洋にまだ出てない。港でまだ船を作ろうと奔走している人もいるのだ。

あなたはその作業をショートカットした。

個人には個人の、組織人には組織人の、よさとつらさがあり、どちらがいいというものではないが、「上司との間に信頼の橋を架ける」、これは組織を選んだ新人にとって、個人で会社をつくろうとした人が「資金を調達する」と同様に避けて通れない通過点だ。だから、意見が対立したとき、大学の学問のように、「意見と論拠」で論破しても意味がない。

メディア力半人前が人を説得する方法

たとえば、自分の入った会社の営業スタイルが古いと感じるとき、

「新人の私が言うのも僭越ですが、当社の営業スタイルは古いように思います。泥臭いやりかたが時代に合わないかと……。私は大学で心理学を専攻していました。もっと新しいスタイルの営業を目指してはどうでしょう」

とやっても、新人の立場では、説得どころか、関係を悪化させかねない。なぜなら、会社に「変われ」と言っているからだ。

どんなに丁寧な表現に言い直そうと、どんなに論拠をうずたかく積み上げようと、「自分が正しい。会社がまちがっている。変われ」と究極には言っているわけだ。

変わるというのは現実には血が滲むような改革だ。「変われ」と言われるだけで、人は変われるだろうか？　ではこういうのはどうだろう？

「この会社で素晴らしいと思うのは、一対一の体面営業を重視していること、このやり方で三〇年以上の長きにわたって実績をあげつづけていることです。私は大学で心理学を専攻していました。これを取り入れてさらに当社の営業に強みを増していければと……」

同じ、新しいやり方をしたいと言っても、前者は、「私が正しい＝会社が間違っている」を論拠に、「あなたが間違ってる、間違ってる、だから変われ」と言っている。

一方、後者は、「相手のいいところを認めて、認めて、認めて、その上で、自分の貢献できる方向を示す」という論法になっている。

　これだけでも心証はかなりちがうが、私はこれでも、まだ説得は難しいように思う。上司からまだ認められていない「信頼＝半人前」の自分が、相手に認めてほしければ、「まずこちらから相手を認める」ことからはじめるしかない。

　たとえば、あなたが社長で、社員を三人雇ったとする。あなたのことをいちばん認めてくれている、と感じるのはだれだろう？

　自分がある仕事をやってくれというと、

1．反論したり、異議を唱えたり、やる意味を問うたり、いちいちケチをつける社員。
2．口では理解を示したり、褒めてくれたり、自分のことを認めてくれているような発言をするものの、実際、動かない社員。
3．だまってそれをやる社員。

「相手を認める力」ってどうすることだろう？

　口で「認めている」と言えば済むかというと、そんなの、それこそ説得力がない。

新人の自分には、一見理不尽に見える指示でも、自ら動いて忠実に実行する。それこそが、「上司を認めている」ことのもっとも説得力ある伝え方ではないだろうか？

「相手を信じることで、相手からの信頼を得る」

これはイエスマンになれ、とか、受け身でいろということとは全然ちがう。言われたことを、高いレベルでやりきるには積極性が要る。こちらは、自分の時間や労力、場合によっては全身全霊のコストをかけて、いわば体をはって、「相手を信じる」を実行していくわけだから。

人生には、自分がやりたいことではなく、求められたことを、それでも自己ベストを尽くして高いレベルでやりきるしかないときがある。新人時代が、まさに、そのときである。

新人よ、上司を説得するな！

いまのあなたにとって「説得力＝人を変える力」ではない。「人を認める力」だ。

上司を理解しろ、そして、認めろ！

あなたは、やがて仕事で成果を出して、一人前の「信頼性＝自分のメディア力」をつける日を楽しみにコツコツと仕事を続けていけばよいのだ！

4 正しく伝わる説明・指示・報告のしかた

「説明がわかりにくい」と言われてしまう、ふたをあけたら「指示がちゃんと伝わっていなかった」、そんな失敗をした人はいないだろうか？

自分ではちゃんと話しているつもりでも、自分以外の人に、ちゃんと話が伝わらないのはなぜだろう。仕事で欠かせない「説明・指示・報告」、どうすれば、誤解なく、事実を正確に伝えることができるのだろうか？

ケース・スタディで具体的に見てみよう。

上司にイベントの報告をする

新人たちだけに、イベントの運営を任せた上司が、翌朝、新人の一人とすれちがって声をかけた。まず、こんな悪い例から。

上野課長「あっ、梅田さん。昨日は新人だけで感謝会の運営、おつかれさま。で、どうだった?」
梅田　（思いつめた暗い表情で）「それがトラブル続きで……」
上野課長「えっー?」
梅田　「まず空調がはいらず、次にプロジェクターが作動せず……。会場はできたばかりのハイテクビルを借りられたので、きれいでよかったんですけど、あまりにハイテク過ぎて、機材操作がわからなくて。休日にビルを貸していただいたものですから、技術の人とかお休みで、わかる人がおらず、もう、どうしようかと思いました。おまけに途中で音響も止まってしまい……」
上野課長「おいおいおい、だいじょうぶだったのか……」
梅田　「昨日、帰ってから落ち込んでいたんです……、私の、事前の確認不足です。あっ！　課長すいません！　クライアントさんと打ち合わせなので、話の途中ですが、もう行きます！　詳しくは、あとで……」

トラブル続きと報告されて、上野課長は胸中おだやかではない。そこへもう一人、昨日のイベントを担当した新人があらわれた。

上野課長「あっ、竹下くん！　きのうの感謝会はそんなに大変だったのか？」

竹下（キョトンとして）「えっ？　いえ、いい会でしたよ……」

上野課長「ん？　じゃあ、梅田さんだけ大変だったのか？」

竹下「梅田さん？　いえ、いつもしっかりしている梅田さんのこと、昨日も、バリバリやってましたよ。新人の中では、いちばんしきってちゃんとやってたんじゃないかなあ。僕らも梅田さんに頼っていたところもあるんで……、それより、部長、聞いてくださいよー、感動の感謝会だったんですよ」

上野課長「かんどう？」

竹下「感謝会で表彰されたお客さんの中に、八〇代のご夫婦がいらっしゃって、会場が一体になって涙したんですよ。そのご夫婦は……」

新人の竹下くんは、一夜明けても感動さめやらぬという感じで、イベントに参加した老夫婦のエピソードだけ、熱く語っていった。

上野課長には、イベントの実態がぜんぜんわからない。「トラブル続きだった」と顔をしかめて報告する梅田さんからの印象と、「感動の会だった」という竹下くんから受ける印象があまりに違いすぎるのだ。

伝わる報告は何がちがうのか

そこへイベントに参加したもう一人の新人が通りかかった。

上野課長「あ、松本くん、おはよう！　きのうの感謝会、どうだった？」

松本「おおむね予定どおり。大きなミスも、トラブルもなく、感謝会は無事進行し、終了しました。お客さんの入りも、去年の二割増し。まだ集計していませんが、ざっとアンケートを見た限りでは、大半のお客さんは満足してくださったようです。全体に淡々と進行しましたが、最後の表彰のところでのお客様のスピーチでは、みなが感動し涙する一場面もありました。しいて言えば、機材トラブルが少しあったくらいが反省点でしょうか。でも、それも会の進行をさまたげるほどのことではなく……」

上野課長「エアコンが効かなかったとか、音響が止まったとか、大変だったそうだ

松本　けど」

松本　「たしかに空調のスイッチがぎりぎりまで分からず、午前中エアコンの効きが多少悪い感じもありましたけど、会に影響するほどではなく、午後には空調もちゃんとなりました。音響がとまった？　そんなことあったかな……。ああ、途中一回ありましたね。でもすぐ代わりのマイクで対応できたので進行に影響はありませんでしたよ」

上野課長　「梅田さんがずいぶん落ち込んでいたけど」

松本　「梅田さんは人一倍思いいれがあってがんばっていました。完璧主義だけに、うまくいかなかったところが気になるんでしょう。でも部長、ほんとうにおおむね良好にいきました。ご安心ください」

三人の新人の報告が、上司にまったく違う印象で伝わってしまったのはなぜだろう？　梅田さんも、竹下くんも、自分が関心あるところから話している。

梅田さんは、優秀なだけに、小さなミスが気になり、それを最初に話している。全体から見ればとてもいい出来であったにもかかわらず、自分の関心事、それも、「自分へのダメ出し」から入ってしまう、ということは、自己肯定感の低い私たちに、意外にありがちだ。

竹下くんは、「自分の琴線に触れたところ」「一番印象に残ったこと」から話し始めている。個人の日記やエッセイなど、文学的な文章であれば、それでよいのだが、仕事のシーンでは、このやりかたも、細部にとらわれて、相手に全体像をゆがめて伝える可能性がある。

最後の松本くんの話で、ようやく会の全体のイメージが聞く人にも伝わってくる。松本くんの話がなぜわかりやすいか、といえば、円グラフでいえば、いちばん面積が大きいところから、話し始め、以下、面積の大きい順に話している点だ。「会は滞りなく無事に進行した」、ここが面積の一番大きいところだから最初に話し、感動の一場面はそれより面積が小さく、さらに、機材トラブルは、それらより、ずっと面積が小さい、会の進行に支障をきたさなかったことだとわかる。

事実を正確に伝えたいなら、面積の大きいところから順に伝える。

たとえば、外部のスタッフに仕事を依頼し、あがってきた仕事をチェックし、フィードバックする際にも応用できる。

ケース・スタディで見てみよう。

スタッフの仕事にフィードバックする

スタッフの外山さんが、仕事をあげてきた。完璧主義の梅田さんは、チェックして、どんな小さなミスも逃さず発見し、直すべきところのみをフィードバックする。こんなふうに。

梅田「外山さん、気がついた点が二点あります。この部分は、お客さんから見てわかりづらいので、もっとわかりやすくしていただけませんか。それから、ミスが一点みつかりました。ここ、あきらかにまちがいですよね」

外山「まことに申しわけありません。最近、腕がにぶったんでしょうか。私、自信がなくなってしまって……」

梅田さんのチェックが厳しいので、スタッフの仕事の完成度はあがるのだが、なぜかスタッフのモチベーションはさがってしまう。とくに、外山さんは、スタッフのなかでもエース級の腕のいい人物だったが、梅田さんが担当すると元気がなくなる。

一方で、感激屋の竹下くんが担当すると、仕事を見て、自分の琴線に触れた部分だけを伝える。

竹下「外山さん、いやー、ここ！　ここがすごくよかったです！　なんというか、感動しました」

外山「いえいえ、それほどでもありません。でもうれしいです」

竹下くんは、自分の琴線に触れたことだけを感想のように伝えるので、スタッフは喜ぶし、いい気もちにはなるのだが、細かいミスを見逃すし、きちんと直すよう指示をださないので、仕事の完成度はさがってしまう。

こういう場合、どのようにフィードバックをすればいいのだろう？

松本「いつも丁寧な仕事ありがとうございます。さすが、外山さんですね。今回も、スタッフの中で、いちばん完成度が高く、いちばんミスが少なく、いちばん仕上がりがいいのが外山さんです。全体の構成もしっかりしているし、しあげが細部まできれいですね。とくにここの部分は、素晴らしくて感動的です。このままでもいいんですが、外山さんの仕事は質が高いので、欲をだして言います。ここのところは、もっとお客さんにわかりやすくすることはできませんか？それから、ほんとに瑣末なことを申して恐縮ですが、ここはミスではないかと思うのですが……」

外山「あっ、うっかりしていてすいません。わかりました。わかりやすくする部分もふくめてもういちどやってみますね。いいものにするようにがんばります！」

最初の梅田さんが、「優秀なスタッフなのだから、いまさら良いことは伝えなくてもいいだろう」と、いきなり「直しはこの二点……」と欠点からはいっているのに対して、この松本くんは、面積の大きい部分から順に伝えている。

完成度の高い仕事への日ごろの感謝を伝え、今回の仕事においても、スタッフの中でも最高のできであることを伝え、次に、特に良かった部分を伝え、そのあとで、円グラフにすると大きな面積を占めるものではないが、とことわって、欲を言えば改善してほしい部分を一点、ずっと瑣末なことだがミスかと思われるところが一点、というふうに面積の大きいところから順に話を進めている。

これだと、受け取るほうは、日ごろのがんばりも評価されているし、今回の仕事においても、がんばったことが認められていると安心するし、その全体のなかで、フィードバックを受けた二点の位置づけがわかる。

だから、いたずらに、落ち込んだり不安になったりせず、改善点をそれ以上でも以下でもなく認めて、改善していこうと、やる気が出る。

最初の梅田さんの「ダメ出し」から入るフィードバックだと、全体像が浮かばないので、相手は不安になる。良い部分への認めがなにもないので、自分の仕事はまずかったのか、最近、腕が落ちたのか、とスタッフは心配している。このように、自分には、全体がわかっていて、それを相手も言わなくてもわかっているだろうと省略して、いきなり自分の関心事から話してしまうと、相手に話の全体像が伝わらないばかりか、話がゆがんで伝わってしまうことがある。

「説明・指示・報告」、求められたら、はやる心をおさえ、深呼吸してまず、自分の頭に全体像を思い浮かべよう。

そうして、もっとも大きい面積を占めることから順に伝えていく。

自分には気になって仕方がない部分でも、面積が小さい部分は、あとまわしにし、話すときに、「瑣末なことですが……」などのエクスキューズをつけることも忘れないようにしよう。

事実を正しく伝えたいなら、面積の大きいところから話しなさい

そうすれば、大きくくずれることなく、相手とあなたの中に全体像が共有でき、そのなかで、あなたの言いたいことの位置づけは、ぐっとはっきりし、より相手に伝わるにちがいない。

伝えたいことは「量より質」と思いがちだ。

でも、伝えるためには、ときに「質より量」に着目したほうがうまくいくときがある。

迷ったときは、占める量の多いものから伝えてみよう！

5　誤解されたときの解き方

新しい職場ではなぜ誤解されやすいのか

最初のうちは「誤解」を受けやすい。言動に注意するのはもちろんだが、「誤解の解き方」を心得ておくと、いざというとき助かる。

新入りはなぜ誤解されやすいのだろう?

「自分のちょっとした言動にも、先輩たちが過剰に反応して困る」と感じる人もいるだろう。

でも、先輩たちは特別こまかいわけではない。自然に反応しているだけだ。なのに新入りにとって過敏、過干渉におもえるのはなぜだろう?

「情報占有率」の問題だ。

たった一回、あなたのキャラクターに似合わないおかしな言動をしたとする。あなたと一〇年来のつきあいの人なら、「あなたに関する一〇年分の情報」分の一。過去のあなたの人柄から割り引いて、好意的に見てもらえる。しかし、初対面の相手なら、「あなたに関する情報の一〇〇％」を占めてしまう。

たった一回遅刻をしたら「遅刻魔」

たった一回派手な服を着てきたら「ハデ好き」

たった一回先輩にタテついたら「あの新人はコワイ」

こんな言われようも、「情報占有率」のイタズラだ。

自分のことをまだよく知らない人のなかで、もまれる苦労はここにある。

生まれてから一度もよその土地に出たことがない、小学校、中、高、大とずっと似たような仲間と過ごしてきた、という人は要注意だ。「このくらいはゆるされるだろう」と思っている、「このくらい」という基準がすでに相当ゆるんでいる可能性がある。

「わかってもらえていた」人たちの中で、ゆるされてきた「このくらい」の自分らしさからの逸脱、それが新入りの時期にはゆるされない。

等身大のメディア力をめざそう

新人の時期は常に「自分らしくある」こと。「自分以下」になってはいけない。でも「自分以上」になる必要もない。最初がんばって自分以上を演じても、それはそれで、かいかぶられてしまい、以降、自分に要求されるハードルがぐっと高くなってやりづらい。

この一回の服装、言葉、ふるまいが、情報占有率一〇〇%として判断されたとしても、自分以上でも、以下でもない、「これぞ自分」という状態をキープするのだ。半年後には「等身大のメディア力」が築かれ、ずいぶんやりやすくなっているだろう。

しかし、どんなに気をつけていても、誤解する人はいる。小さな誤解を「まあいいか」と、そのままにしておくことはすすめられない。

自分の新人時代をふりかえってみても、ほんのちょっとの誤解を、弁解せずにそのままにしていたら、翌日、会社中に知れわたっていたことがあった。しかも、ひどく「誇張」されていた。なぜか会社で話が広まる時には必ず「尾ひれ」がつく。背びれ、胸びれがはえ、もとの事実とはまったくニュアンスが変わってしまう。

私が勤めていた会社は極めて合理的な会社だった。先輩たちも日ごろ、事実を確かめて正確な仕事をこころがけている。なのに、進んだ企業で、なぜ、事実とかけはなれたうわさがはびこるのか？　優秀な社員たちが、なぜ、尾ひれのついた話を真に受け、また、ふれまわるのか？

新入りは「話のネタ」にされやすい。

お酒の席の「さかな」として、ランチのときの話題として、先輩たちが集まるときの共通の関心事として、「こんど入った新人どう？」はフリやすい。

そういうとき、人はどうしても面白く話そうとする。「面白く言おう」「相手を楽しませよう」、何人かの集まりなら「場をもりあげよう」と思ってしまう。

フツウの事実をフツウに話したって、さして面白くはないから、小さな脚色・すりかえ・誇張を知らず知らずに混ぜて話す。

話がウケれば、ウケた部分がまた、膨らむ。膨らんで、また、語り継がれる。語り継がれるごとに、無自覚の誇張が混ざる。これを繰り返しているうちに、話は原形をとどめなくなる。

新人の時期、信用は苦労してでも手に入れるべき財産だ。まずは、誇張のリレーにのっかるような芽をつむこと、つまり、受けた誤解はすぐに解け！

小さな誤解も、放置せず、きちんと、すぐ、その場で、全力で解いておこう。

「それは誤解だ」はなぜ通じないのか

しかし、誤解を解こうとして、こんな実感をした人はいないだろうか。

「自分はそんなことは言っていない」と否定すればするほど、相手は怪訝な表情になり、関係はわるくなり、しぶしぶ相手に「わかった」とは言わせたものの、どうも、すっきり霧が晴れない。以降、相手との仲もギクシャクしてしまった。

「それは誤解だ」という物言いは、なぜ通じないのか？


ありがちなダメな例をあげてみよう。

新人の新谷くんが、先輩の手がけた商品Aを、引き継いで担当することになった。商品Aは、昨年先輩が、苦労に苦労を重ねて世に出した、いわば「子ども」のような商品だ。その商品Aを、新谷くんが陰で悪く言っていると誤解されてしまった。

先輩「新谷、おまえ、商品Aをリニューアルするつもりか？」
新谷「いいえ、先輩がつくられたままのカタチで引き継ぐつもりですけど」
先輩「はっきり言っていいんだぞ。おまえ、〝失敗は自分の代で払拭します〟って言ったそうじゃないか」

新谷「僕、そんなこと言ってません！」
先輩「失敗商品なのか」
新谷「だからぁ！　言ってない‼　って言ってるでしょ!!!　だれがそんなこと言ってるんですか⁉」
先輩「新人のおまえにはわからないかもしれないが、あれは必然性があって、あのカタチになってるんだ」
新谷「だからぁ！　職場のダレが！　そんなこと言っているのか！　って聞いてるんですっ！」
先輩「なんだ、その口のききかたは」
新谷「言ってない!!!　って何回言っても信じてくれないからじゃないですか！　先輩は、なんでそんなデタラメをを信じるんですか！」

誤解されたとき、「ちがう」と言ってもなぜ通じないのか？

疑われているのは、「言ったか言わないか」ではない、あなたの「人間性」そのものだ。つまり「メディア力」が下がっている。

新入りはただでさえ、信頼＝半人前。誤解を受けてさらに信頼が下がる。おまけに、この会話では、「先輩はまちがっている」「先輩はデタラメを信じている」と相手を否定しているので、心証が悪くなっている。メディア力は下がりっぱなしだ。「何を言うかより、だれが言うか」、相手から見たときの自分の信頼性がここまで下がってしまうと、自分の言葉も通じない。

相手の最大の関心に答えよ

メディア力がジリ貧状態では、何を言っても、壊れたスピーカーでがなっているようなもの、相手に届かない。そこで、こうしてみたらどうだろう?

先輩「新谷、おまえ、商品Aをリニューアルするつもりか?」
新谷「いいえ、先輩がつくられたままのカタチで引き継ぐつもりですけど」
先輩「はっきり言っていいんだぞ。おまえ、〝失敗は自分の代で払拭します〟って言ったそうじゃないか」
新谷「僕、そんなこと言ってません!」
先輩「失敗商品なのか、おまえにとって」
新谷「商品Aは素晴らしいです。シンプルなのに品格がある。使っていて、とても気持ちが引き立ってくる。直すところなどどこにもない。このままのカタチで引き継いでいきたいんです。」

先輩「だったら、なぜ失敗なんて言うんだ」

新谷「僕自身が愛用者です。この商品が変わってしまったら僕が困ります。こんな商品をつくった先輩を僕は心から尊敬しています。信じてください。僕は、今年もこのままで、すすめたいんです！　そして一人でも多くの人に商品Aを広めたいんです」

誤解を受けたときは、

1．相手の最大の関心は何か？

2．それに対し理解をしっかり注ぐ

3．相手と通じ合うことでメディア力を回復する

気持ちが通じ合えたあとなら、「言っていない」「それは誤解だ」「信じてほしい」という物言いも通じやすいはずだ。

ポイントは、「相手の最大の関心」をいち早く発見することだ。

自分にとっては、「言ったか言わないか」は、自分の信用にかかわる大問題だ。だから、いきおい「言っていない」を連呼するようになる。つまり、自分の最大の関心は、「自分の信用にキズがはいらないか?」ということだ。

しかし、これは自分の関心だ。相手の関心はそこにない。

先輩が気になってしかたがないのは、手塩にかけた、わが子にも等しい商品を悪く言われたことだ。しかも、自分のあとを引き継いで担当する人間だから、ヘンに変えられでもしたらと気が気ではない。

「おまえは俺のつくった商品Aをどう思っているんだ?」というのが相手の最大の関心なのだ。

だから、商品Aへの理解を惜しみなくしっかり注ぐことで、先輩の関心ある問いに答えている。先輩も、「言った言わない」の表面的な問題でなく、根本の問いに答えてもらえたから不安がおさまったのだ。

同様に、会社の経費を浪費していると誤解されたとき、「使っていません」と一〇回言うより、まず、「私は、会社の経費は一円たりとも無駄に使いたくない性分です」と意思表明して、それから詳細の事実を言うほうが通じる。

なぜなら、相手の最大の関心事は、一段深い「会社の経費をどう考えているか?」

にあるからだ。

「ない」より「ある」で通じ合おう

恋愛の例を引き合いに出すと、別の女性に気があるのではと誤解されたとき、「そんなことはない」と一〇回打ち消して言い合いになるより、「おまえだけを愛している」と伝えることに心血を注いだ方が効く。

このように誤解されたとき、「言ったか、言わないか？」のような表面的な問題でなく、根底にあり、いま揺らいでいる価値観をいちはやく発見し、そこに対して、自分の価値観、「商品が素晴らしい」「経費を大切にしたい」「おまえが好きだ」というような意思表明を徹底的に行う。

「ない」ことを証明するのは難しい。やってない、思ってない、言ってないことは、事実や論拠を引こうにも、「ない」からだ。それよりも、「ある」もの。「自分がひごろ心から思っていること」を伝えるほうが説得力がある。なにしろ「ある」のだから、実感もこもるし、事実や根拠も出せるわけだ。

誤解されたときは、つい相手と自分の食い違いを見つけ、自分のほうが正しいと主張したくなる。ただ、そこで勝っても、相手が間違っていたという結論になるので、心情的にギクシャクしてしまう。

「違い」ではなく、「共感ポイント」を探そう。自分も相手も同じことを想っている点、それが共感ポイントだ。先ほどの例では、先輩も新人も、商品Aが大事という想いは同じ。

商品Aを大事に思う先輩が、商品Aが大事にされていないと誤解して問題が生じる。しかし、それは誤解である。もともと「商品Aが大事」は新人と先輩の共通の想い、だから、「商品が大事」で心に橋がかかる。

心が通じ合えば、自分のメディア力＝信頼性が回復する。

誤解をされたら、身の潔白を証明しようとやっきになるより、まず共通の価値観を探し、しっかり意思表明して通じ合うこと、それによる「メディア力」の回復を目指そう！

誤解されてパニックになっても、おなじ人間同士、必ず通じ合うポイントはある。共感ポイントをはやく発見し、理解を注いでほしい。

信頼は回復できる！

6 職場の人づきあいをどうするか

職場は学校ではない

職場の人づきあい、何をめざし、どうしていったらいいのだろう?

新しく働きに出るにあたり、「仕事の必要以外、ゼッタイ会社の人とはつきあいたくない。飲み会なんかいくものか」と思っている人や、「そうはいっても、あまりつっけんどんにしても角が立つし」と困っている人もいると思う。あるいは、「積極的に友だちつくるぞー!」とはりきっている人や、「この職場には友だちになれそうな人がいない」とがっかりしている人もいるかもしれない。

まず断言しよう。仕事に求められるのはコミュニケーション力だ。この点で、職場は学校ではない。

「勉強さえしていればなんとかなった」学校時代。学校は学力を競うところだから、自分の暗記学力だけを頼りに単独プレーも許された。しかし、職場は、そもそもチームで同じ目的に向かって利益をあげましょうというところ。どんなに単独プレーに思える職種でも、分業によってチームの人々が固く支え合っている。そこで求められるのはまずコミュニケーションだ。

ところが学校での人づきあいの考えをそのまま職場に持ち込む人がいる。

私は仕事で、全国のさまざまな大学に行くが、どこへ行っても、教育関係者が一様に訴えるのが、「若者の人づきあいの半径の狭さ」だ。もちろん、おどろくほどつきあいの半径が広い若者もたくさんいる。でも、看過できない狭さも目立ってきている。

ある大学のある教師のゼミで、ひとりの学生が、こなくなった。

教師は、ゼミの仲間に「Aさんはどうしたの？」とたずねた。わずか一〇人ほどのゼミだ。顔を合わせてから、もう半年もたつ。だれか近況を知っているだろうと。

ところがだれ一人、Aさんがどうしているのか、どのへんに住んでいるのか、バイトはしているのか、などの近況を知らない。

それだけではない。だれ一人、Aさんの携帯の電話番号を知らない。

それだけではない。だれ一人、Aさんの名字は知っていても、「下の名前」を知らなかった。

白か黒か。

若者の人づきあいの傾向として、

好きでいつもつるんでいる友だち・恋人か（＝白）、

それ以外の通行人と同じ、まったく関心さえ払わない他人か（＝黒）、

二つにガクンとわかれてしまう。

しかも白の範囲が狭い。二、三人か、場合によっては一人の友だちまたは恋人とだけ、いつも固く一緒にひっついて行動し、それ以外は会話さえしないという人もいる。好きな人とだけ関わり、それ以外の人には関心さえも向けない。

一見これほどラクなことはないように見える。

しかし、それは、自分の親密な人間関係の一ミリ外は即、他人、という関係図だ。自分のすぐ目の前まで、よそよそしく警戒すべきアカの他人が迫ってきている。

もし自分の部屋にアカの他人がはいってきたら、居心地がいいと思う人はいないだろう。自分の生活空間に他人がいる。多くの人は、その緊張感に耐えられないから何か言葉を交わそうとするだろう。

白か黒。

まったく言葉を交わすことも、関心を払いあうこともない、それゆえ、どこで何をしているのか、何を考えているのかわからない、自分にとって得体の知れない他人が、顔をあげればすぐそこまで迫っており、常に自分の生活圏にひしめいているという状態は、緊張を強いるものだ。

そこには、自分の親密圏と、得体の知れない他人との間をとりまく保護林のような「グレーゾーン」の人間関係がない。

グレーゾーンの関係を増やす

挨拶だけはする。

会話ぐらいは交わす。

友だちとまでは言えないが、ノートの貸し借りぐらいはする。

積極的に交流はないが、なにかあれば助け合える。

ほどよい距離を保って、関心は払うが、干渉はしない。

そのような関係がグレーゾーンだ。

二、三人の小さな親密圏だけで生きるとすると、けんかをしたりして親密圏が崩れると、とたんに孤立し、アカの他人の中に放り出されてしまう。小さな親密圏で生きてる人が多い世の中は、ただでさえ、孤立する人、人の関心から干される人をつくりやすい世の中ということだ。これでは殺伐としてしまう。

グレーゾーンの人間関係は、明るい挨拶を交わす、軽い会話を交わす、声がけをするなど、うっすらとした温もりを、大勢で交わし合う関係だ。友だちや恋人のような濃い関わりはとてもできないけれど、薄い温もりを多数の人と交わし合うことで、完全に関心から干される人もつくりにくいし、自分も完全に干されることがない。

働きやすく気持ちのよい人間環境をつくる

人に対する関心の狭さは、そのまま自分の人づきあいのキャパの狭さであり、また、自分の生息圏の狭さに通じる。自分をとりまく保護林がないということは、他者に対して自分も保護林になれないということである。

関心の範囲の狭い学生が、その関心の狭さをそのまま職場に持ち込んでしまうとどうなるか。そのままだと、会社の人を白か黒かに分けてしまいがちだ。

好きか、嫌いか。仲良くなれるか、仲良くなれないか。

心を許せると感じた数少ない人に、心を許しすぎ、仕事上の相談から、プライベートの相談、休日の趣味にもベッタリつきあわせ、はては相手が重すぎてとまどうような相談まで、なにもかもをもちかけてしまう。心を開かない人には、声をかけるのもなんとなく億劫で、仕事以外ではまったく会話もしない。何年会社にいても、相変わらず通行人のようにふるまっている。

つきあいの飲み会には、出ないか、出ても自ら話しかけない。自分のテーブルの話題が、関心外なら、スイッチを消したようにして、話題が関心に近づくまでじーっと待っている。話題が関心ある、たとえば音楽に近づいても、自分の気に入ったジャンルの、気に入った角度の話にならないと乗ってこない。自分の関心の圏内に入ってくる話題のなかった飲み会は「つまらない」として片付ける。このような状態では、関心の範囲は狭くなっていくいっぽうだ。何とかして関心の範囲をひろげていかなければならない。

かといって大勢の人と急に仲良くなろうとがんばるのも危険だ。対人のキャパは、急激に広がるものではない。日々の訓練でコツコツ、いつのまにか広がっているものだからだ。器が小さいのに、より多くの人と友だちになろう、だれとでも仲良くしよう、とすれば、容量オーバーでパンクするのは目に見えている。

そうではなく、居心地のよい、ほどよいグレーゾーンを築いていく。

第一歩は挨拶から

挨拶は交わすが、会話はしない人。

会話をするが、飲みにいったりはしない人。

音楽の情報交換、ＣＤの貸し借りはするが、それ以外の相談ごとなどは持ちかけない人。

仕事の相談にのってもらうが、プライベートの相談はしない人。

互いに関心は払うが、それ以上干渉しない人。

困ったときは助け合える人。

宴会で隣り合えば、話ができる人。

さまざまな距離のとり方があり、ほどよい距離を場数を踏んでつくっていけるといい。

会社を自分の住む小さな街と考えたとき、どんな街に住みたいだろうか？

住人が、それぞれ、二、三人の小さい島をつくってかたく固まって、それ以外には、まったく関心を払わない。「助けて」と叫んでも、だれも関心を払わない、知らん顔の街がいいか？

住人同士が、関心を通り越して、干渉しあい、詮索しあい、ベタベタと依存してきたり、噂話をしたり、人づきあいだけで疲れてしまう街か？

住人同士、あかるい挨拶や会話は交わすが深入りはせず、適度な関心は払うが、干渉したり、詮索しあったりはしない。困ったときは、助け合える街か？

人脈を増やすとか、友だちをつくるというような、気合をいれた人間関係の構築ではなく、職場という生活空間をともにする住人として、得体の知れない他人という警戒心を解き、気持ちよく働ける、人間環境を整えるくらいの気持ちで。たとえば公共の場に、花を植えたり、掃除をするくらいの気持ちで、生活空間の人間環境を整えていく、という考えもあっていいのではないだろうか。

挨拶は、得体の知れない他人という警戒心を一発で解く、すぐれた方法だ。

また、軽い会話をちょっと交わす、ちょっと声をかける、関心のなかった話題にも

「ちょっとすいません」とはいっていくというようなことは、最初は慣れなくても、やっているうちにすぐに慣れていく。

私のやっているワークショップ形式の授業でも、最初は、二、三人の友だち同士かたくひっついてそれ以外の人となかなか話すことができなかった学生も、ワークで知らない学生と話すと、すぐ慣れて話せるようになっていく。早い人はたった一回九〇分の授業で。大抵の人は二、三回も授業をするともう、一年生が四年生と、男子が女子と、学部がちがう距離のある学生同士が旧知の間柄のように、楽しく話すようになる光景を目にする。要は場数だ。

居心地のよいグレーゾーンづくりを心がけていると、自然と距離ある人とのコミュニケーションの場数も踏め、対人へのキャパも知らぬ間にひろがっている。

まずは、働きやすく、気持ちのよい、人間環境をつくる挨拶からはじめてみよう!

7　相手に好印象を残す「自己紹介」

仕事で、「自分は何者か？」、初対面の人に説明しなければならないシーンがある。とかく自己表現がニガテな日本人である我々は、自己紹介を嫌がり、適当に済ましてしまうのだが、自己紹介は、初対面の人との関係のはじまりにまく「種」のような言葉だ。種まきの機会を逃してはいけない。

ささやかでも自分を伝える工夫をしつづけていれば、

「相手の印象に残る」

「新人でも、〝若僧〟と軽んじられない応対をしてもらえる」

「自分らしさが伝わる」

などの芽が出てやがて実りがある。ここぞというシーンで、信頼を得る、相手に好印象を残す自己紹介の方法をつかんでいこう。

自己表現を習ってこなかった私たち

新人のこんな声を聞くことがある。

「どこへ行っても、何を言っても、〝若僧のくせに……〟という扱いを受ける。これでもけっこう、しっかりしているのに、わかってもらえない……。」

新人に限らず、若く貫禄のない「見た目」のせいで、損している人は多い。「自分以下」に見られがちだ。実は内面では、ある分野の知識がすごかったり、学生時代に仕事経験があったりして、そうとうしっかりした人も多いのだが、話してみるまで、見た目ではいっこうにわからない。

つまり、伝えなければ伝わらない。

自分の内面を知ってもらう絶好の機会が「自己紹介」だ。しかし、日本人の自己紹介は、まだまだだ。

それは、ひと言で言って、「顔がない」。

アメリカで学生時代を過ごした友人が、もどってきて「なぜ、日本ではみんな同じ自己紹介をしているのか⁉」と衝撃を受けていた。友人が学生時代を過ごした所では、自己紹介ひとつにも、よりクリエイティブなものが求められたという。

日本では、最初の人が趣味を言ったら、次の人も、次の人も「趣味」、最初の人が特技を言ったら、次の人も、次の人も「特技」、みな同じパターンで自己を語って、顔がない。中には、公然と「私は自己紹介がきらいです」と言ってはばからない人もいる。本人はすこし毛色のちがう表現をしたつもりだろうが、その実、伝わっているのは幼さだ。

日本人はなぜ自己紹介をいやがるのだろう？

日本人が悪いわけでもない、潜在力がないわけでもない。訓練されていないからだ。自分のことを語れと言われたら、だれでも切実に「人に自分のことを誤解なくわかってほしい」という心が働く。一方で、自己表現のトレーニングをまったく受けてきていないから、同時に、「こんな場で短い言葉で何か言わされて、自分の何がわかるのか」という心も働く。「わかってほしい」と「わかるものか」がせめぎあい、もう自己紹介そのものがおっくうになり、なげやりにしてしまう。

だが、聞く人は、あなたの言葉を通してしか、あなたの内面を推し量れない。

自己紹介はアイデンティティに関わる問題なのだ。

自分らしさを伝えよう

どうしたら、時間的にも、話す内容にも制約あるビジネスシーンで、「自分らしさ」

が伝わり、かつ、その後の仕事のパートナーとして信頼を得る自己紹介ができるのだろうか?

まず、日ごろやっている自己紹介をチェックしてみよう。

「このたび、上野から引き継ぎ、この仕事を担当させていただくことになりました、東都出版、第一編集部の新田と申します。どうぞよろしくおねがいします」

「社名」と「名字」、だいたいこれで済ませている人が多いのではないだろうか。これでこと足りるのなら、悪いわけではないが、これでは、信頼はおろか、相手の印象にまったく残らない。それに、先輩の仕事を引き継ぐことになって、顔合わせをかねて先方と会食をする場合など、やはり、自分について、なにも語らないというわけにもいかないだろう。

先方だって、「今度担当になった人がどんな人なのか」一抹の不安があるし、仕事のシーンでことさら自己主張されてもこまるが、少しは担当の人物について知りたいはずだ。

そこで、「社名」と「名字」に加えて、あと何を言ったらいいのか、多くの人は悩む。それで、たとえば、こんなふうにする人がいる。

「このたび、上野から引き継ぎ、この仕事を担当させていただくことになりました、東都出版、第一編集部の新田一人と申します。趣味はサーフィンです。どうぞよろしくおねがいします」

「東都出版、第一編集部の新田一人と申します。高校のときは、陸上でインターハイに出場経験もあります。どうぞよろしくおねがいします」

　趣味や特技などをひと言添える人がいる。「仕事と関係ない」「唐突な印象を受ける」と否定してしまうのはカンタンだが、私は、何も言わないで、記憶の彼方に忘れ去られてしまうよりはいいのではないかと思う。「サーフィン」「陸上」などの「のりしろ」を与えることで、相手がもし、これらに興味があれば会話もはずむかもしれない。けれども二つ注意することがある。

　一つには、「過去の栄光」で自分を語った場合、「いまどうなのか」は聞く人が次に気になることだ。「いま陸上はやっているのですか」と聞かれ、「いや、いまはもうやっていないんですよ」と言えば、それで会話が終わってしまう。「過去の栄光」は、いまとつながりがない場合、結局、ひとしきり昔話をして終わってしまう。

もう一つ、仕事と関係ない趣味や特技で自分を語り、それで会話がはずんだとしても、相手は、自分という人物に「親しみ」を感じただけであって、(それも大切なことではあるが)、仕事のパートナーとして「信頼」を得たわけではないということだ。

過去、現在、未来のつながりで語ろう

初対面でも信頼されるのはどんな人だろう?

逆を考えるとわかりやすい。こんな人がいたらどうだろう?

「昨日の私は、今日の私ではない。明日の私は、今日の私ではない」

では、あなたはどうなってしまうのだろう? どのあなたを信頼したらいいのだろう? と聞く人は不安になる。

つまり「連続性」が信頼を得るポイントだ。連続性がまったく感じられないと、人は、その人物に不安を感じるし、逆に、なにか連続性が感じられると、「この人は一貫しているな」と安心する。

つまり、「過去、現在、未来のつながりをもって自己を語る」。これができれば、初対面でも信頼される可能性大だ。先ほどあげた「過去の栄光」を語っても、現在や未来とつながりがあれば大丈夫だ。例えば、

「高校時代からずっと陸上をやってきました。ですから、忙しい出版業界でも、陸上で培った体力には自信があります。まかせてください」とか、

「将来は、スポーツの素晴らしさを広める出版に携わりたいと思います」

などと、連続性をもって語れれば唐突な印象はなくなる。

現在の「自分の仕事」を起点にして、

1. 過去のどのような経験から、どう考えて、自分はこの仕事に就いたのか。
2. 現在、何を想い、どんな仕事をしているか。
3. 将来、仕事を通して何を目指すのか。

これで自分を語ってみる。例えば、こうだ。

「このたび上野から引き継ぎ、この仕事を担当させていただくことになりました、東

都出版、第一編集部の新田一人と申します。私は、小さいころから〝人が育つ〟匂いのするところが好きで、〝教育〟に関心があり、ずっと教師になりたいと思っていました。しかし、決められた正解を教えるより、もっと自由な教育の場があるのではないかと思い、最終的に、出版の仕事を選びました。（過去）

読者の潜在力を生かすような本がつくれたら、と新人ながら、いま、がんばっております。（現在）

将来は、出版を通して〝人が育つ〟支援をしていけたらと思っています。（未来）どうぞ、よろしくおねがいします」

「自分は意にそわぬ配属で、このような一貫性がない」という人も、最終的に自分で選んだ進路であれば、過去、現在、未来に、なんらかのつながりは見出せる。例えば、

「私は医療機器の開発に携わりたいと、大学院でずっと研究をつづけてきました。（過去）

現在、営業として、医療現場をまわっておりますが、研究者の思いと、医療現場のニーズとに、大きなギャップがあることを日増しに実感しております。（現在）

将来は、医療現場と研究者の架け橋になれるような仕事を目指します。（未来）」

「過去」は、その人の歴史であり、背景だ。
「未来」は、その人のベクトルであり、志だ。

人は、根無し草のような、ルーツもなく、行き先もない存在に、不安を抱き、つい軽んじてしまう傾向がある。だから、短い自己紹介でも、「過去、現在、未来」を関係づけて語ることで、聞く人は、あなたにも、歴史があり、背景があり、未来に向けた意志があることを知り、その連続性から、決して軽んじてはいけない、信頼に足る存在である、という印象を持つ。あなたの主旋律が線として浮かび上がるというわけだ。「過去、現在、未来」の主旋律を通せば、あとはアレンジ自由だ。

時間がなくて、「過去、現在、未来」を脈絡をもって語れないときは、少なくとも、

「未来に向かった意志」だけは言っておく。例えば、

「東都出版の新田と申します。出版を通して、〝人が育つ〟のを支援していきたいと思っています。よろしくおねがいします！」

「未来に向かった意志」で自分を語るだけでも、前向きな印象を残せる。ポイントは「勇気を出す」ことだ。

自己表現にはとかく勇気が要るものだ。大きな勇気は出さなくていい。でも、短い自己紹介ひとつにも、短い自己紹介ひとつ分の勇気が要る。

いまの自分から、もう一歩だけ勇気を出して、初めての人に、自分の主旋律を伝え、出逢いをものにしていこう！

第2章　人をわかるチカラ・伝える技術

1　書く技術！「くれ文」から「与え文」へ

相手をもやもやさせるメール

仕事に必要な「書く力」とはなんだろうか？　ここでは最低限、学生を脱却して、「社会人としての文章の書き方」をつかもう。まず、学校にいたころと、社会に出てからの書き方の違い、「境界線」はどこだろう。

こんな悪い例からみてほしい。

上野課長

今度のキャンペーンで、

担当にされた仕事って、

私のキャリアにあわないと思うんです。

新田花子

こういうメールが、読み手をもやもやさせるだけでなく、「うっとうしい」「わずらわしい」気分にさせるのはなぜだろう？　読み手に考える手間をしいる、からだ。メールはシーソーだ。

こっちが考える手間を惜しめば、読み手にその手間を押しつけてしまう。こっちが充分に考えて出せば、読み手はその分ラクできるというわけだ。

このメールも、「担当にされた仕事があわない」。だから、どうだと言うんだろう？　今後の参考までに知っておいてほしいだけなのか？　他の仕事に替えてほしいのか？　替えると言っても何に替える？　新田さんのやるはずだった仕事はだれがやる？

結局は、部長に「考えてくれ」「決めてくれ」。ほかにも、「教えてくれ」「認めてくれ」「褒めてくれ」と、読み手に「くれ、くれ」と言う文章のことを、ここで「くれ文」と言う。

「くれ文」は、読み手から、時間や考える手間などの労力をむやみに奪う。

意見と論拠で書く

「くれ文」からの脱却。これが最低限、学校にいたころとは違う、社会人に求められるコミュニケーションだ。せめて、ここまでは自分で考えて出したい。

上野課長
今度のキャンペーンで任命された仕事について、経理は専門外で、ご迷惑をおかけするかもしれませんが、キャリアを広げる意味でも、（＝論拠）
担当させていただきます。（＝意見）
新田花子

上野課長
今度のキャンペーンで、
私もぜひ、広報チームの一員に加えてください。（＝意見）

大学では広告宣伝を専門に学んできました。
学園祭の広報実績もあります。（＝論拠）
経理の仕事は兼任でかまいません。

新田花子

コミュニケーションに正解はない。いいか悪いかは別として、少なくとも、読み手をもやもやさせない文章にはなった。

いちばん最初の、「キャリアに合わない」というだけの文章を書く人は、「勉強と仕事」の切り替えが、うまくいっていないのではないだろうか？　学校では、授業料を払って、先生から、知識なり、進路指導なり、はては生活指導まで、さずけてもらって、勉強＝インプットしていた。一方、会社では、給料をもらって、対価である、アウトプット＝貢献、を要求される。

金を払って勉強するか？　金をもらって貢献するか？

「そんなの新人でも当然わかっているよ」と笑われるのを覚悟で言うが、私が見てきた人のなかに、意外に多いのだ。「まるで勉強をするように仕事をしている人」、つまり、自分自身がお勉強になったとか、成長できたとか、自分の「充実感」をモノサシにしてしまう人が。自らは何も発信せず、「吸収しよう、吸収しよう」という姿勢が、コミュニケーションのいたるところに見て取れる。「ああ、いい勉強になった」と自分が充実すれば、会社がもうからなくても、いい仕事をしたと錯覚してしまう。

いちばん最初の「キャリアに合わない」というだけのメールには、よい意味でも、悪い意味でも、「勉強させてもらおう」という学校時代の習性があらわれているように思う。考えることを無意識に避け、おうかがいばかりを立てていれば、相手から、判断なり、見識なり、知恵なり、を自然にもらえるからだ。

会社にはいったら、メールを書く時間も含め、お金をもらってコミュニケーションをしている。せめて時給換算の分ぐらいは、アウトプットをしなければ、貢献しなければ、と、頭ではわかっていても、その実、どうするか？　経験がすくない分、切り替えられない人も、意外にいるのではないだろうか？

今日から、すぐ実践できる方法は、「決める」ということだ。

自分なりの答えを決めて書く

「意見」とは、自分が打ち出した答えのことだ。正解が存在しない問題に対して、自分で考えて、「自分の答え」を打ち出す＝決める。あとは、なぜそう言えるか、理由を筋道立てて読み手に説明していく。つまり、「意見と論拠」で書く。

「上司に意見するなんて波風のもと」と腰が引けている人もいるようだが、そもそも、「自分の言いたいこと＝意見」がない文章では、読み手をもやもやさせてしまい、短いメール一本打てないことが、最初のメールでわかるだろう。

「自分の意見を打ち出す」ことと、人に押し付けたり、押し通したりするのは、また、全然別の問題だ。

あなたが三人の部下を持つ上司だとして、どちらがいいだろう？

問題が起こっても、三人の部下は腰が引けて、いつも、自分の見方は打ち出さない。結局、上司である自分が、いつも一人で考えなければいけない。

あるいは、部下はいつも、めいめい自分で考えて、三人三様の自分の答えを打ち出して提供してくれる。上司である自分は、その三つの案を参考に、自分の見解もふくめた四案から、ベストな答えを打ち出していける。

「ああしましょうか？　こうしましょうか？　どうしましょうか？」では、上司も自由に判断することができない。「私はこのように考えますが、いかがでしょうか？」と、自分なりの「決め」を打ち出して、かつ、上司を自由にしてあげられる部下がいいのは明白だ。

「自分で考えて、自分の答えを出すようにすると、やがて、それが、会社の答えと食い違い、どんどんどんどん、自分のやりたいことと、会社のやりたいことの溝が際立っていくのではないか？　長いものにまかれろではないが、はなから考えないで従ったほうがラクではないか？」と思う人もいるかもしれないが、それはちがう。

もっとも危険なのは、自分はどうしたいかと考えないで、なんとなく会社の考えにのっかっておこうとすることだ。自分と会社の距離をあいまいにしたままでは、なんとなく会社のやりたいことに、自分のやりたいことを重ねてしまう幻想が生まれやすく、食い違ったとき、会社をうらむようになる。

自分の答えがはっきりして、自分の立ち位置を知っていれば、自分とは違う結論をもった会社に対しても、距離を測って、協力できるものだ。

人に文章を送る前に、「自分でここまでは考えた」「自分はこうするのがベストだと考える」と自分の中で「決める」ことを習慣づけたい。

自分が決めた意見を相手に伝えるべきかどうか、どう伝えるかは、また、その先に配慮すべきことで、「決められない」ままでは、「くれ文」になること必至だ。

仕事では生産性が求められる。知的な生産もりっぱな生産性だ。つまり、会社やお客さんのために考える。

職場に必要な書く力とは、「考える力」だ。

小さくとも「与え文」を書こう

では、改作した二つのメールはというと、「経理をやる」にしても、「広報がやりたい」にしても、むやみに相手をわずらわせないというだけで、アウトプットをしているか？　貢献しているか？　と言えば、まだ、そこまでは言えない文章だ。

例えば、こんなふうにしてはどうだろうか？

上野課長

先日課長が、キャンペーンについて、

「お年寄りが多いこの地域に、どんなアプローチをすれば集客がのびるか」

とおっしゃっていました。

私なりに案が浮かびましたのでお送りします。

添付一がその案で、添付二は背景となる資料です。

私はもちろん経理としての参加ですが、
学生時代、広告宣伝を専攻しておりましたし、
学園祭の広報実績もあります。
広報面でも、何かお役に立てることがあれば幸いです。

新田花子

もしも、送った案や資料が、読み手にとって、なにかの参考やヒントになれば、りっぱな貢献だ。そこまではいかなかったとしても、積極的な姿勢は、読み手のモチベーションを高める可能性大だ。

その意味で、これは「くれ文」ではなく、「与え文」だと言える。

最初の「キャリアにあわないと思うんです」というメールは、受けとった人の士気もさがるし、考える手間もとられるし、へたすると社会人としてのメールの書き方を説教しなければいけなくなる。返信するときに、「授業料を払え」と言いたくなるメールだ。

次に改作した二つのメールは、パワーを奪うこともしないが、与えもしない。

最後に紹介したメールだけが、考えることで、新たなものを生み出している。

会社には「投げ銭」制度はないから、メールの一通一通、会議の発言のひとつひとつにお金を払うことはないけれども、アイデア協力・士気のアップに、「この人にお金を払ってもいい」と思わせるようなメールだ。

上司には、部下からたくさんのメールが寄せられる。同じように担当をふりわけても、部下のリアクションはこんなに違う。どのメールを書いた人と一緒に働きたいかは一目瞭然だろう。

社会人になったら「くれ文」から「与え文」へ、考えることで脱却していこう！

2　読む技術！　相手の文脈に身投げする

仕事の文章を読むのにラクをするな

仕事の文章は、どんなふうに読んだらいいんだろう？

メールだけでもかなりの量だ。その上、会議の資料や事業計画書、報告書などなど、いちいち読んでいると日が暮れる。かといって、資料を読まずに会議に出ると、読んでいないことがバレバレで、大恥どころか、信頼をなくす。

まわりをみると、とかく要領がいい。読むのが速いし、苦じゃない、そんな先輩もけっこういる。おまけに仕事関係の本をたくさん読んでいる人まで。

「自分はさほど国語がニガテではなかったはずだ。なのに、なぜ、仕事では、こんなに読むのが苦手なんだろう？」

とくに新人のなかには、そう感じている人も少なくないだろう。それは極めてまっとうな反応だ。

新人だったら、量が読めないし、時間がかかるし、苦になる。

それでいいではないか？

逆に私が危惧するのは、新人のうちから、ヘタなテクニックを仕入れて、仕事の文章を「ラクに読んでしまう」ことだ。あなたに二つ問いたい。


「そもそも人はなぜ、文章を読むのか？」


たとえばあなたが、仕事のために「少子化」について知らなければいけなくなったとして、くらべてみてほしい。大学教授に取材を申し込み、顔を合わせて手取り足取り説明してもらうのと、教授に、「いや、時間がとれないんで。これを読めばわかるから」と論文を渡されてしまい、それを独り「読む」負担感と。

同じ「言葉」でも、話し言葉よりも、「文章」は、「言葉が固まり」になるから、ぐっと取り込みづらい。書くほうも、読むほうも、めんどうな「文章」を人はなぜ、わざわざ用いるんだろう。

そして、もう一つ。ちょっと唐突に感じるかもしれないけれど、

「人は自分が経験しないことはわかることができないか？」

よく「こどもを産んだことのない人に親の気持ちなんてわかるものか」という物言いをする人がいる。この論理をつきつめていくと、人は究極には、自分の体で感じる経験の範囲でしか、ものをわかることができないということになる。

あなたはどうだろう？

好きな人の気持ちも、自分を育ててくれたお母さんの気持ちも、経験外のことになると、結局は「わからない」というんだったら、私はあまりにも寂しいと思う。

自分の世界から一歩も出ない読み

私はライティングの授業などで、さまざまな大学に出張する。近年、読解力の問題として衝撃を受けているのが、教授から聞く、こんな話だ。

「文章を読め、と言われたら、学生は、さほど苦でもなく、すらすら最後まで読む。けれども、では筆者は何を言いたかったのか？　と聞くと、説明できない人がいる」

妙な話である。いつの時代にも、どこにも、「読める人」と「読めない人」はいる。

読めない人は、その文章に書いてあることがわからないから「読めない」のだし、読める人は、その文章に書いてあることがわかったから「読めた」と言うのである。

文章を読めるんだけど、読めない？

これはひと言で言って、「自分の世界から一歩も出ずに読んでいる」からだ。

たとえば、恋に悩む人が、恋愛の本を読んで、「この本には、信じれば恋は叶うと書いてあった！　パワーもらった！」と喜んでいる。しかし、著者は、「たしかにそういう励ましの言葉も書いたけれども、それ以上に、この本には、現実の厳しさを書き、安易な楽観をいましめたはずだ」と言う。これはどういうことだろうか？

つまり、読み手は、自分にとって心地よい部分だけを拾って読み、それ以外の情報はスルーしてしまっているのだ。努力しなくてもするっとわかる部分、直接役立つ心地よい部分だけを拾い読みして、その結果、自分にとって心地よい部分と部分をつないだ、都合のいい世界が像を結んでおり、本の全体像すら描けない。

ましてや「筆者が一冊を通して本当に言いたかったことは何か」など、筆者の世界に行ってないのだから説明のしようがない、というか、この読者にとっては、もともと関心のない、どうでもいいことだったのだ。

情報化社会、ネット社会になって、私たちは、文字量にはたくさん触れるようにな

ようになった。しかし、それらをザッピングしながら、自分側の都合・必要に引きつけて読むった。

文章には文脈がある

本来、自分の小さく、狭い、経験の範囲を超えて、外に踏み出し、自分とは経験も理屈もまったく違う人の、「まったく違う世界」に、「つかみにいく」手段が、文章を「読む」という行為だ。

なぜなら文章には「文脈」があるからだ。

少子化の話を、論文を「読む」より、ひざつきあわせて「聞く」ほうがなぜ「ラク」か、というと、相手が自分の世界に歩み寄ってくれるからだ。教授が、こちらの知的レベルをはかって下げてくれるからだと思いがちだが、ポイントはレベルではない。相手が「こちらの文脈」に歩み寄って話してくれているからだ。

文章を読むのが、なぜハードルが高いかというとそこには常に、自分とは違う独特の「他人の文脈」があるからだ。

研究者には研究者の、問いの立て方、手続き、論理構成がある。理系と文系でも、かなり違うし、同じ理系でも、人によって手続きは違う。

まったく同じレベルの話をされたとしても、自分が日ごろなじんでいる手続きに置き換えて、たとえば、「過去→現在→未来」などに情報を整理して話してもらうのと、自分にまったくなじみのない手続き、あとから「そんな手続きがあったのか」と思うような他人の手続きで、話されるのとでは、取り込みやすさに雲泥の差がある。

文章は、会話のように、「少子化は今後進みますか?」「進みます」というような「単文コミュニケーション」ではない。つまり、一文で一つのことを言うのではない。

会話より「論理の息」はずっと長く、五〇文、一〇〇文、三〇〇文かけて、脈絡をもって、一つのことを言うようになる。だから、場合によっては、ひととおり最後まで読んで、「この人の論理構成はこうだったのか！」とわかるまで、さっぱり、何を言いたいのかつかめないということもある。

書き手の文脈に身投げするつもりで読め

「相手の文脈に飛び込んでいかなければいけない」

これが、文章を読むときに、グッとハードルが高くなる理由だ。

なぜ、そんなにまでして文章を読むのだろう?

自分ではない、相手の「本当に言いたいこと」をわかるためだと私は思う。「相手をわかろうとしよう」などと、私たちは精神論で軽々しく言うときがあるが、精神論だけでは、決して、「相手をわかる」ことはできないと私は思う。

自分が「本当に言いたいこと」だって、自分という「氷山の底」に、深く、暗く、沈んでいて、自分でさえ、なかなかわからないものだ。何度も何度も、自分の深層に問いかけ、交信し、そこにあるものを汲み上げ、言葉にしなければならない。ましてや他人の、しかも自分の経験の世界をまったく超えた他人の言いたいことなんて、ラクにわかろうはずもない。

しかし「文章」なら、自分の狭い経験の世界をぶちやぶって、相手の世界にのりこんで、つかみにいける。

文章には脈絡がある。言葉は、それがどんな文脈で言われているかが肝心だ。相手の文脈がわからなかったり、自分の文脈に引き寄せて勝手に解釈したときに、すれちがってしまう。

しかし、文章なら、たとえば、「小論文」のたった四〇〇字の文章にも、

論点＝筆者が立てた問い
意見＝筆者が出した答え

論拠＝筆者が答えを出した根拠と、出すまでの手続き
根本思想＝以上を通して滲み出てくる筆者の根底にある想い・価値観がある。
たった四〇〇字でも、構造をもった、まとまりある世界として相手の言わんとすることをとらえられる。

文章では、相手の使っている言葉を、自分の文脈でなく、相手の文脈にのりこんで解釈することが大切だ。

文章の中に、相手の過去、現在、未来の流れやつながりがある。相手はどんな背景があり、どんな歴史をたどって現在にいたったか、現状をどう認識し、どんな問題意識をもっているか、そして相手は未来に対してどのような意志を持ってきたか、道筋がある。

だから、自分が心地よいものだけを自分の世界に引き寄せて読むのでなく、少々ハードルの高いものにも、相手の世界に食らいついて読み、それをコツコツと自分のものにする読み方をずっと続けている人は、確実に相手の世界と交信しており、いつか、自分の経験していないことも理解できると私は思う。

会社の文脈に食らいついて取りに行け

だから、新人のうちから、「仕事の文章も、上司や取引先からのメールも、スラスラ読めて、まったく抵抗がない」という人を、私は信用する気になれない。

そこは別世界だからだ。

学校と、激しい利益循環のある「実社会」の大海原では、恐ろしいくらい文脈が違う。大海原を航海する「会社」という船に乗るにしても、どの船を選ぶかで、これまた恐ろしいほどに文脈がちがう。

会社という船に乗ったとき、その会社には、その会社独特の文脈があり、それが、いちいち自分の文脈と食い違い、新人は悩む。

だからこそ、逆にいえば社内文書は、それが事業計画であれ、上司の書いたメールであれ、「この船独特の文脈がどうなっているのか」を知る、もっとも手堅い手段なのだ。

仕事の文章は、決して、自分の文脈に引きつけて読むな！

言っていることがわからなくても、共感できなくても、飲みこめなくても、心地わるくても、苦しくても、「あっちの文脈」に、食らいついて取りに行く覚悟で読め！

自分にとってわかりやすいかどうか、必要かどうか、役立つかどうか、心地いいか、なんてどうでもいい。そんなものにとらわれていたら、結局、何ヶ月たっても、自分の乗っている船の全体像は見えてこない。

新人は、読むべき文章と読まなくていい文章をいまの自分の文脈で選ぶな！「読め」と与えられた文章をはじからはじまですべて読め。半年つづければ、自分の経験の範囲を超えたスケールで仕事の世界の視野がひろがっているはずだ。

二度読み、キーワードを捉えろ

具体的に文章を読むときのポイントを二つあげておく。

一つは「二回読み」、

もう一つは「キーワードの解釈」だ。

文章は、それが上司からのメールでも、できれば「プリントアウトして」、最低「二回」は読んでほしい。

読むときの障壁は、「自分と会社の文脈のズレ」だ。これを払拭するために二回読む。

一回目は、文脈をとらえるための読み。それゆえ、文章の細部にこだわらず、文章全体を、最初から最後まで一気に通して読む。ところどころわからないところがあっても、立ち止まらない。違和感があるくだりも、掘り下げない。筆者がどんな「論理構成」で文章を書いているのか、一気に通して読んで、まず、つかむ。

二回目の読みは、じっくりと、意味を考えながら読む。このとき、わからない用語があったら、辞書を引いていい。

もう一つは、「キーワードの解釈」だ。これだけは、絶対、はずしてはいけない。相手が文章の中で、何度も繰り返してつかっている言葉、ここぞというところで使っている言葉が「キーワード」だ。

会社ではよく、「ある言葉」がはやる。たとえば、「会社のファンを増やす」という言葉を上司が言って、それが、流行語のようになり、社員たちが口々に言い、また、会議で繰り返し言われたとしても、「ファン」という言葉にこめる意味、解釈は人によって、ものすごくブレがある。ブレたまま最後まで進むこともある。

そもそも、上司は、「ファン」という言葉をどういう定義で使っているのか。実際の行動として繰り返し繰り返し商品を買う人なのか、それとももっと、精神的な意味合いで言っているのか、精神的な意味合いとすれば、具体的にどういうことか、キーワードの解釈だけは、はずさずに「上司の本意」をとらえたい。

バイアスをかけず、自分側にひきつけず、あくまでも「あっちの言い分」を、正確に読み取れたら、今度はいよいよあなたが、自分でその良し悪し、自分の意見を、自由に考える番だ。

読むのが苦しいと感じるとき、あなたは、いまだ経験のない世界に片足を出し、「あっちへいこう、あっちへいこう」ともがいている。苦しいのは、自分の狭い世界を出て、外の世界と交信し、他人のフィールドにのりこんでいるからだ。

苦しくたっていい。

読むことで、あなたの経験を超えたスケールへと、視野を切り拓いてほしい。

3　意見を通したいなら翻訳せよ

「上への持っていき方をどうしようか？」

大きな企画を通すようなとき、先輩たちが、「上への持っていき方」にあれこれ頭を悩ませていた。新人のころの自分には、それがばかばかしく思えてしょうがなかった。

「根回ししたり、画策したり、会社員ってツライよなあ……。場合によっては、企画を立てる以上の労力と時間を使ってまで、なんでそこまでして、上司の趣味・性格にすりよって、神経すり減らさなきゃならないんだ」と。

しかし会社というものがわかるようになって、「この作業を決してばかにしてはいけない、むしろ尊い作業ではないか」と思うようになってきた。

なぜならそれは、「翻訳」だからだ。

会社と個人そして上層部の誠意の違い

会社の文脈と、新人の文脈は、常に大きくずれてせめぎあっている。おなじ日本語と思いがちだが、別世界の言語と言ってもいいくらいだ。文脈とは、ここでは、思考や行動の手続き、優先順位のつけ方、それらをつなぎあわせたアウトプットの「脈絡」というような広い意味で使っている。

さらに、会社の上層部と一般社員の間でも、恐ろしく文脈はちがう。

会社はチームになって利益をあげるという、独特の変わったプレイをしている。学生時代ボランティアをしていた、アルバイトをしていたなど、「自分は社会参加をしていたから、そう違和感がない」という人がいるかもしれない。しかし、まず、無料でなにかやることと、お金を取ってやることは、どちらがいい悪いでなく、見る世界がまったくちがってくる。

たとえば無料でコンサートをやるなり、なにかサービスをやるとして、「それが、タダであれば欲しい、うれしい」という人はいっぱいいるだろう。しかし、「お金を払ってでも、それを欲しいですか」となれば、人はぜんぜんちがった表情をみせる。人間は、財布をひらくとき、ぐっと厳しい基準でものごとを見る。身銭をきってでも欲しいとおもってもらうために、仕事では、人の切実な要求にくいこんでいくような、独特な思考のつかいかたをする。

つまり、「お金を払ってもらう域まで」人に役立ち・喜ばす、という、ふだんあまりしないことを、会社では必死で考え続けている。会社のゴールには「利益」がある。学生と勝手が違って当然だ。

就職活動のエントリーシートには、実に多くの若者が、「人の役に立ちたい」「ありがとうと言われたい」と書いている。

しかし、「お金がもらえる域まで」ということはだれも書いていない。

会社の誠意と、新人の誠意がくいちがうのは、ここがポイントで、同じ「人を喜ばす」と言っても、見ている領域はぜんぜんちがう。

会社では基本的に、「お金がもらえる域まで」人を喜ばすことだけをやって欲しいのであって、それ以外は、「とてもいいことだが、どうぞほかでやってくれ」ということになる。

しかし、どうしたら、「お金がもらえる域まで」になるのか、お金がもらえない域と、お金がもらえる域との境界はどこか、なにしろ働いたことがない人には、リクツではわかっても、実際、そんなことに神経をつかってこなかったから、実感としてわからないのだ。

また、アルバイトをやっていたから会社のことはわかる、という人も、やはり、どちらがいい悪いでなく、「視野」がちがう。

アルバイトのほうがより部分的だ。家づくりにたとえると、アルバイトは、「この部屋の壁を、この青いペンキで塗ってくれ」と渡されて塗る、というような任されかたをしている。

しかし、会社という船の正式なクルーになると、一軒の家をまるまるどう建てようかと構想したり、さまざまな土地に出向いて、どこにどんな家を建てようかと構想したり、という視野で仕事をするようになる。

さらに、同じ会社という船のクルーにしても、上層部と一般の社員では視野も大きく違う。

家づくりにたとえると、上層部は、家づくりを今後どういう方向に展開させていこうか、海外に進出しようか、するとすればどの国にするかとか、それとも、街づくりや都市計画のほうに進展させていくかとか、クルーを今後どうやって食べさせていくかとか、まったくちがう視野・規模で、物事を見ている。

だから、おなじ「家づくり」という言葉をつかっても、それぞれの立場でみている視野が違う分、そこに込める意味合いがまったく違ってくるというわけだ。

昔は、新人にわざと清掃ばかりさせたり、わざと上司が理不尽な要求をしたりして、会社という世界が、いかに新人がそれまでにいた世界とちがうか、リクツでなく体でわからせようとするところもあった。

別世界への「通過儀礼」だ。

いまは、そんなことをしても人がついてこないし、新人は比較的、会社にすんなり入っていけるようにはなったが、その分、「自分のそれまでのリクツが通じて当然」という幻想を抱きやすくなったのではないだろうか。

だから、意識して、別世界の言語として、とらえることも必要だ。

同じ人間同士、普遍の部分はもちろんある。それだけに、同じ言葉を、違う意味で使っていることを見逃しやすい。

会社の発信、とくに上層部からの発信は、「翻訳」するくらいの気持ちで、あちらの背景を考えながら読み取り、こちらの意見を通すときも、「翻訳」するくらいの気持ちで、あちらの文脈に置き換えて話していきたい。

私が新人のときに、軽視していた「上への持っていき方」とは、へんな根回しとか、画策ではなく、実は、現場の言葉を、上層部の手続きに置き換えて話すという、尊い「翻訳」の作業だったのだ。

相手のフォーマットに置き換える

　就職活動で落ち続け、あるときから連続して内定がもらえるようになった学生が、その秘訣を「相手のフォーマットに置き換えて話した」と言った。

　学生時代は、無意味・無目的な行動も、特権だ。だから、いちいち行動に目的なんかない。

　しかし、就職の面接で、学生時代の体験を話すとき、「なんの目的もなく、ただ無意味にこんなことをやってったら、たまたま、こんなことになりました」では、話が通じない。

　そこで、「会社というところは、チームで目標を設定して、それに向けてみんなで行動して、達成して、ということをやっている。就職の面接では、一緒にそういうことができる人を求めているんだな」と気づいてからは、あとづけでいいので、自分の体験から、目的、そのための行動、成果、を割り出し、相手のフォーマットに置き換えて話した。

「あとづけですが、いまから思えば、私は、このような目的をもって、そのために、このように行動し、努力しました。その結果、このように目標が達成され、成果としてこのようなものを得ました」と。

それからは、話も通じやすく、内定も次々でるようになったという。

まさに「翻訳」だ。

上司の言葉に翻訳して伝える

だから、意見がうまく通らないとき、すぐさま内容の問題として片づけるまえに、上司の性格やクセのせいにせずに、「翻訳」することも考えてみる。まず、翻訳するためには、もとの文章がいるので、ひととおり、自分の最も書きやすい手続き・論理構成で、書いてみることが大切だ。

いきなり相手のフォーマットで考えようとすると、自分の言わんとすることまで、のっとられてしまうので、これは避けたい。必ず、自分らしい方法でまずアウトプットしてみる。

次に社内のいい「翻訳家」を探す。

上層部と現場の橋渡しをしているいわゆる中間管理職の人のなかには、下からの意見を、うまく翻訳して上に伝え、上層部の発信を、うまく現場に翻訳して伝えている、いい翻訳家がいるはずだ。

よく企画や提案が上に通る人、上司とうまくコミュニケーションをとって成果を出している人は、自分より、ひとつ上層の文脈で、物事をみることができる、いい翻訳家だ。

そういう人に、意見を求めるのでなく、どんな手続きで伝えているのか、を教わるのだ。

企画書があれば、見せてもらい、どんな論理構成で書いているのかを抽出する。プレゼンテーションの資料があれば、どんな手続きで上に意見を通しているのか、フォーマットをつかむ。

次に、その論理構成におきかえて、自分の言いたいことを話してみる。

もちろん、その上司と新人とでは、メディア力（信頼性）がちがうので、そのままマネしてもすぐ伝わるとは限らないが、すくなくとも、上層部が、何を優先し、どういう手続きでものを考えているのか、少しずつ、つかんでいける。

何十人、何百人、場合によっては何千人もの社員をどう食わせていくか、などという上層部の気持ちは、新人にはステージが高すぎてつかめないが、翻訳家の目を通してなら、推し量ることもできるのだ。

ここでもポイントは「キーワードの定義」だ。

同じ「成長」という言葉を使ったとしても、家の壁を塗っている人は、均等に美しく塗る技術の向上を考えるだろうし、どこにどんな家を建てるか構想中の人は、いかにお客さんをひきつけるか、のプロデュース力の進化を連想するかもしれない。さらに上層にいくと、利益率に跳ね返ってこない個人の成長は、成長とは呼ばないかもしれない。とにかく同じ言葉にこめる意味合いがぜんぜん違う。

そこで、自分の話や文章の中で、キーになる言葉、社内の立場によって、解釈がぶれそうな言葉は、必ず、明確に定義してから、話を進める。

「成長とは、ここでは……という意味でつかっています。……という意味ではありませんのでご注意ください」と。

「キーワードの明確な定義」と、「相手側の論理構成に置き換えて話してみる」こと。通じないときは、この二つを試してほしい。

会社を選んだ以上、分業を選んでいる

会社など組織に属して働こうとする人は、先輩たちが、「これを上にどうもっていこう」と頭を悩ませているのを見て、「ばかばかしい」と思ってはいけない。「いつか実力をつけて、そんなことで消耗しなくて済む立場になりたい」と思ってもいけない。

それは尊い「翻訳」作業だ。

たぶん、そこを否定したら、会社員を否定することになる。会社は、人為的につくりだした極めて不自然な空間だ。個人で仕事をする人は、一人で企画もし、お金の計算もし、単純作業も、すべてを一人でやる。しかし、会社は大勢の人間が集まり、分業にしている。

ある人は企画ばかりで手足を動かすこともできず、ある人は単純作業ばかり、ある人はお金の計算ばかり、しかも何億、何十億と個人が一生かかっても使い切れない規模で計算をし、ある人に権限が集中し、ある人には目の前のことを決める権限もなく、という、自然な状況ではありえないようなことも、会社では起こる。

互いの見ている世界をおしはかることは、分業が進めば進むほど、会社の規模が大きくなればなるほど、難しくなる。

けれども、そういう不自然を承知で、チームで分業するからこそ、個人が一生かかってもできない規模で、社会に働きかけることができ、すばらしい経済効率で稼ぎ続けることができる。

だから、「会社」という道を選んだ以上、分業を選んだのだ。それぞれの部署から部署へ、権限のある上から下へ、現場を知る下から上へ、「言葉が通じない」ということは、いまも、これからも、実力に関係なく、いや、実力がついて、仕事が特化すればするほど、よりいっそう、起こり続ける。

会社員である以上、一生、翻訳作業はついてまわる。

組織で働く以上、翻訳の手間をおしむな。

組織を縦横無尽に、言葉で動きまわり、組織にいる意味を最大限に生かせる、よき翻訳者になっていこう！

4 話をわかりやすく伝える

わかりやすく伝えるコツはなんだろう？　段取りが悪い、まわりが見えていない、説明がわかりにくいと言われるとき、なぜ、わかりにくいのだろう？

次のような物言いが、外の人に通用しないのはなぜだろう。

「やりました！　今年度売り上げ八六七〇万！　すごいです！」

直接担当している人たちにはすごいのだろうが、社外の人には、なにがすごいのか、わからない。担当外の人には、社内でも通じにくい。

こうしてはどうだろう。

「今年度売り上げ八六七〇万。昨年度の四六二七万と比べて、ほぼ倍！　と言っても過言ではありません。やりました！　すごいです！」

「倍」になったと言われれば、担当者以外でも、外部の人間でも、「すごい」の意味が共有できる。このように、「ひとつ前」の情報を加えると、外の人には格段にわかりやすくなる。

今年のことを言いたいなら、ひとつ前、つまり去年のことから伝えてみる。

ひとつ前の情報を加える

私は、フリーランスという仕事柄、一回一回、はじめての会社・人と仕事をすることが多い。初対面同士が、短時間でわかりあい、一緒に仕事をするためには、必要な情報を手際よく仕入れなければいけない。それではじめは焦って必達目標をたずねていた。先日も、ある就職支援サイトに、就活のコミュニケーション講座を書くことになり、焦って私は、必達目標をたずねた。

「私が講座を書くことで、どうなったら成功なんでしょうか？　どんな指標で検証するのでしょうか？　例えば、この就職支援サイトのヒット数がのびることでしょうか？　のびるとしたら、どれくらいでしょうか？」

企業によっては、明確な目標があるときもあるが、細かな仕事の一つ一つにまで、目標を設定していないことのほうが多い。

「ヒット数がのびるにこしたことはありません」

そのように言われたり、数を示されても、いまひとつピンとこなかったり。数字の背景がわからないから、数字の意味が解釈できないのだ。

就活に役立つコミュニケーション講座を書くといっても、「役立つ」にこめた意味は、企業により、担当者により、ものすごく違う。

私の使命はなんなのか？
やるべきことはなんなのか？
どこははずせないのか？

肝心かなめのところがつかめずに、もやもやしていたそのとき、同席していた、先方の企業の上司がこう言った。

「このサイトは、企業と就職活動生を結びつけるサイトです。企業の情報が充実していくにしたがって、就活生の満足も伸びていったのですが、一定のところまでくると伸びなくなりました。なぜなら就活生のほうに、情報を選ぶ準備ができていないからです。〝自分はなにをやりたいのか、どんな情報が必要なのか〟就活生が、自分を知ったり、自分の内面を掘り下げたりして、自分のやりたいことに気づいていかなければ豊富な情報も意味をもたないのです。これまでは、そういった就活生の中身を耕すようなサポートは、十分してこられませんでした。そこで、情報を選ぶ、学生の内面の掘り下げや準備、つまり、就活生の〝教育〟に力を入れたいと想い、ズーニーさんにお願いしたのです」

私は、説明がすとんと腑に落ち、やるべきことがすごく明確になった。つまり、学生たちは、「現在、選択肢は増えたけど選ぶ自分がいない」。だから、そこから「未来」にどうなったらいいかをイメージすることは容易だ。サイトの豊富な情報がつかいこなせるだけの、学生の内面の準備をサポートすればいいのだ。

目先の目標を、数字や、「役立つ」などの抽象的な言葉でとらえようとしても、いっこうにイメージがわかなかったものが、「ひとつ前」、つまり、過去の経緯から、「現在抱えている切実な悩みや問題点」を聞くことで、「未来にめざすべきもの」が非常にはっきりイメージできた。

意味・流れ・関係を語る

私たちは、仕事の指示を出される側にまわったとき、無駄をしたくないので、できるだけ曖昧な言い方でなく、知りたいことをはっきり言ってほしいと思う。仕事を任されたら、必達目標はいくらか知りたい。「がんばっていいものにしてくれ」とか、「売り上げが伸びるように」では曖昧だから、つい性急に「数字だけを」聞いてしまう。でも実は、本当に伝え合うべきは、数字という「点」ではなくて、その数字の「意味」するものなのだ。

意味・流れ・関係を語る。これが社会人には鉄則だ。

「ひとつ前」の情報を加えること、つまり、

今年のことを聞かれたら、去年のことを、

明日のことを聞かれたら、今日のことを、

必達目標を聞かれたら、現状の問題点を、
現状の問題点を聞かれたら、その原因を過去の経緯から、あるいは、
現状の問題点を聞かれたら、過去にうまくいっていたころの情報を添えてみる。

説明がたどたどしくても、相手が今欲しい情報と、その「ひとつ前」の情報を提供しておけば、聞く側は、そのふたつから、「流れや関係」を読み取って、言われていることの「意味」をつかむことができる。

ひとつ前がない時どうするか

新入りの説明がわかりにくい、まわりが見えていない、と言われる理由のひとつに「ひとつ前」が自分でも想起しにくい、という問題がある。

そう、新入りには「去年」がない。新入りでなくても新しい仕事を担当すればやはり「去年」がない。

これは、仕事をしていくうえで、とっても不利なことだ。新入りは、線ではなく「点」として、「いま」にいる。過去からの流れや関係のなかでの「いま」にはいないので、いま、次々と与えられる目標や仕事の意味がとらえにくい。他者に対しても、

ひとつ前がないので、意味を持って、いまを説明できない。

先輩や上司のなかには、バブル期の仕事の武勇伝を語ったり、昔は良かった的な、過去の会社のようすを話す人もいる。不況で時代が変わったいま、新入りから見れば、それらは昔話にしか聞こえないかもしれない。

しかし、そうして、先輩の昔話を通して会社の「ひとつ前」の姿を知っておくことは、自分のいまの立ち位置がわかり、流れや関係がわかり、いまやる仕事の意味を明確にしてくれる。

自分のいまの立ち位置、意味を明確にするうえで、もうひとつ、いい方法がある。「ひとつ先」を示すことだ。

ひとつ先を考える

新米編集者のとき、フリーランスの編集者、大先輩にあたる方と取材にいった。そのとき、先輩が、あざやかに「ひとつ先」を示して取材するのを見た。

小論文教材を編集していた私たちは、取材で、大学の先生に、「入試小論文に必要な力」をよく聞きにいった。大学は高校生に、どんな力を求めているのか？　高校生は、大学入試の小論文に受かるためにどんな力をつけておけばよいのか？　と。

大学の先生たちは、もちろん、ほしい学生のイメージがあるので、「論理的思考力が必要である」とか、「学部学科に応じた適性」がみたいとか、いろいろ説明してくださるのだが、もうひとつ、抽象的で共有しにくい。ほとんどの編集者が、「小論文入試に必要な力とはなんですか?」という質問のしかたをしており、この聞き方では明確な情報を引き出しにくい。

ところが、その先輩だけはちがっていた。

「文学部の教授である先生は、学生が、文学部を卒業するまでに、どんな力を身につけていてほしいですか?」

ひとつ先、つまり、大学卒業時に必要な学力をたずねたのだ。

大学の教授は、卒論のゼミなどを持っており、それなら、とても具体的に話すことができる。

先輩は、そのあと、「では、そこから四年、逆算して、大学入学時に、高校生はどんな力があればいいのでしょうか?」とたずねたのだ。

大学入試は、大学の現場のニーズがあり、そこから出されている。高校の勉強の延長ではなく、高校と大学で学ぶことには大きなギャップがあるのだ。だから、高校の延長という視点で取材をしていると、どうしても、大学が大学独自の現場のニーズから欲しい人材をイメージしにくい。

「ひとつ先」のゴール、つまり、今聞きたい「大学入試」のひとつ先、「大学卒業」のイメージを共有したことで、取材するほうも、大学のニーズへの理解が深まったし、話すほうも、いつにない、とても具体的な話ができた。

ひとつ先。

会議のゴールを聞かれたら、終了後の次の展開を、今日やることを聞かれたら、明日やることを、企画のことを説明するときには、実行の具体的な動きを、ひとつ先を共有することで、現在の意味はぐっと共有しやすくなる。

ひとつ前、ひとつ先。

話がうまく伝わらなくてパニックになったときは、深呼吸して、ひとつ前の情報、あるいは、ひとつ先の情報を話してみよう。

そこに自然と意味・流れ・関係が見えてくるはずだ。

段取りがうまくなるというのは、ひとつ前・いま・ひとつ先というふうに、時間のデザインをして、その関係が語れるようになることだ。

新入りには、去年がない。全く新しいことをやる人にも過去がない。ということは、いまを乗り切れば、来年からは、もどるべき「ひとつ前」が自分の中に立ち上がり、確実に説明はグレードアップするということだ。

ひとつ前、ひとつ先。

迷ったときは、このどちらか、あるいは、両方を試してみよう!

5 社会人として通じる「おわび」を身につける

「おわび」の主役はだれ？

おとなのおわび三要素は、「反省」「謝罪」「償い」だ。

仕事のおわびは、これに、「原因究明」「今後の対策」が加わって五要素になる。

ここでは、おちいりがちな、「誤ったおわび」の心理をおさえ、社会人として「通じるおわび」を目指そう！

おわびと言えば、こんな光景を見る。ミスをし、みんなに迷惑をかけた新人が泣いている。そのまわりを心配そうに、何人かの先輩がとりかこみ、なぐさめたり、励ましたりしている。

なんのかんの言っても、やっぱり新人はかわいい。新人のこない職場は寂しい。新人がいるだけで本当にいいものだ。上司や先輩たちは、少子化で希少になった赤ん坊を、親や祖父母、親戚、ご近所、総出でかまうように、何かといえば、気にかけ、かまう。

新人は、最初は、「自分が悪かった」とあやまり、やがて自分を責め、そのうち心情を吐露する。

「自分が思い上がっていたんです。大学まで順調に来すぎてしまったから……」とか、「ここ最近、ずっと不安だったんです。自分はこの仕事にむいてないんじゃないか、自分のようなものが、こんな大事な仕事をまかされていいのか、って……」とか。先輩たちは、話を聞いてやり、相談にのってやり、励ましたり、アドバイスしたり、ためになる、ありがたい話でやる気をふるいたたせたりする。そのうち新人は気を取り直し、「がんばります」と決意表明をする……、

って、ちょっと待ったー!!!

どうして、ミスして人に迷惑をかけたほうが、自分の不安を聞いてもらい、励ましてもらい、元気にしてもらい、と「もらいパワー」をしてるんだ?

その間、とまっている先輩の仕事は?　お客さんのことは?　生産性は?

おわびの主役はだれなんだ?

これは、自分がおわびの主人公になってしまっているパターン。はからずも、周囲

の注目を自分に引き寄せ、周囲の手をわずらわせ、わびているようでいて、よけい迷惑をかけてしまっている。

自分を一方的に責める「自虐おわび」

おわびの、最大の躓《つまず》きは、関心が「内向き」になることだ。

「自分がいいか、悪いか」

ミスをすればだれでも自尊心が傷つく。とくに新人はまわりからは、「値踏み」されているし、慣れない仕事・環境で、「自分はもっとできると思っていたのに……」と、内側からも自己像が揺らいでいる。だから、「いったい自分って、何?」と、何かと言えば、存在理由が問われ続け、自らも問い続けなければならない、苦しい時期だ。

そんな自我が傷つきやすいときに、自分らしからぬミスをしたり、思わぬ人の怒りを買ってしまったら、内向して思わず「自分が、自分が」になるのも、無理もない。

少し前の世代では、「マニュアルに書いてありました」「先輩があんなことを言うからですよ」と、自己保身に走り、素直に悪かったと言えない人も目立ったが、いまの人はとても素直で、あっさり自分が悪かったと認めてしまう。だが、必要以上に悪かったと認めすぎてしまい、自己肯定感が低すぎて、「自虐おわび」に走る傾向がある。

「私が悪かったんです。私はこの方面の知識もないし、経験もないし、自分でも自分が情けなくなります。私が……、私が……」

と、自分を一方的に責めるカタチでおわびする。だから「自虐おわび」だ。

自己保身に走ろうと、自虐おわびに走ろうと、結局、根は同じ、「私がいいか、悪いか」が最大の関心事になってしまっている。関心が内向きであることに変わりはない。

「自虐おわび」は、自分が悪い、自分はダメだ、といいながら、その実、相手に「そうではない」と打ち消してほしい、「いやあなたはできるから」と認めてほしい、わかってほしい、許してほしいと、無自覚に人からパワーをもらおうとするから始末が悪い。

先輩や同僚にパワーをもらっている分にはまだましだが、外のお客さまにまで、おわびと称して、自分探しとか、身の上相談とか、自己改革の決意表明まで、聞いてもらっているケースもある。

「おわび」の主役は相手である

新人のおわびで肝心なのは、「考える」ことで、意識的に、関心を外へ、外へ、と向けていくことだ。そう、迷惑をかけた相手のかたへ、フォローしてくれている上司や同僚たちへ、影響のある関連各所や社外の取引先・スタッフへ。

おわびの主役は相手だ！　自分がスポットライトを浴びるのではない。そのために、意識的に「考える」ことで、相手側にスポットライトをあてる。

「相手はどんな気持ちだろう？」

「自分が相手だったとしたら、いま最優先で何をしてほしいだろう？」

おとなのおわび三要素「反省」「謝罪」「償い」のうち、「反省」とは、罪を悪かったと認めることだ。心から悪かったという気持ちがないと、「謝罪」＝申しわけありませんと言葉にはっきり出してあやまったって、相手には通じない。

だが、おわびで言うところの「反省」とは、内向して、自分を裁くことではない。相手を追体験することだ。

たとえばレストランで自分の接客態度が悪いと、お客さんが怒り出したような場合、関心が内向きとは、「自分は前から友だちにも無表情だと言われてたよなあ」とか、「もともと暗いこの性格が接客業には向いてないんだ」とか、「複数のことをやろうとするとすぐパニくる、だからオレはダメなんだ」と、自分の中を探して、責めたり裁いたりすることだ。

あげく、「自分の暗い性格が悪いんです。これからは明るくなれるよう努力しますのでどうぞお許しください」と言ったところで通じるだろうか?

関心を外へ、相手へ!

必要以上に落ち込む前に、まずは、目を上げてしっかり相手の表情や様子を見る。そしてミスを起こしてしまった前後の、相手の行動や想いを追体験していく。相手の行動や想いを追体験していったとき、自分の外側の事実として「自分が相手に何をしてしまったのか」正体が見えてくる。

そこから自然につきあげてきた、本当に相手に申しわけないことをしてしまったという気持ち、それが「反省」だ。

「お客様がどんなにたのしみにしてきてくださったか……。私の失礼から、どんなにがっかりなさったか……。お客様のお気持ちを思いますと、心が痛んでしかたがありません。本当に申しわけございませんでした」

と、このような相手目線での反省と、自虐おわびの「私が私が」の反省とでは、ずいぶん「主役の立て方」が違うのがわかるだろう。

おわびのシーンでは、
自分の話をとうとうと聞いてもらうな！
まず相手の話を聞け！

相手の中にたまった怒りの感情やストレス、言いたいことを全部吐き出していただく、これだけでも、相手はずいぶん感情が静まり、ラクになる。傾聴しながら、相手を追体験する。すると外側の事実として自分のやったことの正体が見えてくる。

相手の想いを聞き取ったら、理解や共感を言葉に出してはっきり伝える。

そうしているうちにわきあがってくる、ほんとうに悪かったという想い、そこで、想いをこめて、はっきりと言葉に出して謝罪する。

「申しわけございませんでした！」

相手理解に立った「反省」と「謝罪」、これだけでも日常のおわびとして機能することも多い。


新人よ、おわびの主役は相手にゆずれ！

あなたは主役を輝かせる助演にまわろう!

おわびをし終えた後、相手に、一ミリでも二ミリでも、すっきりしていただく、気分を回復していただいて、元気になっていただく、そんなおわびをめざそう。

6 わかりやすい企画書の書き方

「仕事で書く文章は、どうしてこんなに、妙な感じになるんだろう?」

そう感じている人はいないだろうか?

家族や友人にプライベートでメールを書くのはさして苦ではない人も、「自分は学生時代、けっこうよく文章を書いていた」という人も、仕事の文章となると、自分で書いていながらも、自分で首をひねるような、妙な文章になることがある。

とくに、まったく一面識もない、初めての人に、依頼の文章を書くときなど、恐ろしく時間がかかってしまい、「自分はこんなに書くのが遅い人間ではなかったはずだ」と自分の能力を疑いたくなることもある。

仕事の文章では、なぜ普段の調子がでないのだろう?

私も、企業に勤めていたある日、次年度の企画書を書いていて思った。

「企画書って、なんでこんなに書きづらいんだろう? 内容に頭を悩ませているのはもちろんだけど、それ以前のところで、いちいち時間をとられている感じがする。書きながら、妙な、自分でも気持ちがわるい感触がある……」
私がいた部署では、毎年、夏になると、来年度の企画書を書く。私は、高校生向けの小論文教材の企画書を書いていたのだが、たとえば、こんな感じなのだ。

「この教材では、入試頻出テーマについての知識と考察力を身につけさせる」
「付録の活用率二五%という低さは、次年度にむけ、廃止も視野において、検討されねばならない課題である」

妙な文章だ。これでもそこそこ文章力を買われて小論文の担当になった。プライベートでも、職場のだれかにあててメールを書くときも、決してこんなミョウチクリンな文章にはならない
何か勝手が違う。
「教材では　↓　身につけさせる」って、ビミョウに文がねじれている感じもするし、それに、「検討されねばならない課題」って、もってまわった言い方だなあ……。
「活用率が低いので付録は来年やめたい」とただそう言いたいだけなのに、それに、

「検討されねば」って、いったい、だれが検討するの？　会社？　編集部？　部長？　私？？？

「そうか！　この企画書には主語がない！」

わかりやすい文章にするためには、

1．主語を明らかにすること。

2．しかも人間を主語にすること。

3．主語をあいまいにすると怪しい受動態が出現するので要注意。

と、私は日ごろ小論文指導で言っていた。

高校生は、「主語＝一人称」のない小論文を書くことも多い。「環境問題はいま最優先で検討されねばならない課題である。なかでも環境教育が充実されねばならない」とせずに、主語を明らかに、しかも、「人」を主語にして書くと、

「私は環境問題を最優先の課題として、大学で学びたい。とくに〝環境と教育〟をテーマに学び、将来は、環境教育にたずさわる仕事がしたい」となる。

この生徒の場合、「国や政府になんとかしてほしい」ということが言いたいのではなく、「自分でできることをしたい」と思っていたので、主語を「私は」とすることで、自分の言いたいことがはっきりと書け、しかも、読む人に、わかりやすい文章になった。

できるだけ人を主語にする

主語をあいまいにすると、怪しい受動態が出現する。職場の文章でも同じだ。

たとえば、編集で「校正ミス」が出てしまったとき……。

「通常、校正は二人体制でチェックされており、この件では、それが、一人体制でチェックされてしまったために、脱字が見逃されてしまったと思われます」

これでは、だれが、どうしたのか、事実関係がわからない。

そこで、人を主語にして書いてみると――。

「私は、通常、外部の校正者一人と私の、二人体制で校正をしています。私は、今回、外部の校正者に依頼せず、自分ひとりで校正をし、脱字を見逃してしまいました」

ぐっと事実関係はわかりやすくなる。

ある企業に「ビジネス・ライティング」の研修に行ったとき、研修を終えた、中堅社員の男性が、私にこう言った。

「会社に入るまえ、学生のころには、よく主語を言っていたんですよ。僕は…、俺は…、私は…と、口でも言っていたし、文章にもよく書いていた。だから、会社に入ってからも、しばらくは、会議で意見をもとめられても、メールでも、私は…、と主語があったんです。それが、いつのまにか、だんだん主語、私は…と書かなくなり、あるいは、書けなくなり、いつのまにか主語が消えていました。消えていることに、この研修ではじめて気がつきました」

組織にはいってしばらくすると、「主語」が言いにくくなる、もしくは消えてしまうのはなぜだろう？　これは、ひと言で言って、「関係性の中の自己」の把握に悩むからだ。主語のない小論文を書く高校生とは性質が違う。

「自分探し」と言われる高校生は、一人称である自分がよく把握できていない。「書き手である自分は何者か？」「どんな自分がいまどこに立ってこの文章を書いているのか？」がわからない。

だから、「環境問題は検討されねばならない」というようなだれが、だれに向けて、なにを言いたいのかわからない宇宙人のような文章を書いてしまう。

さまざまな立場の「私」

高校生の場合、自分の過去の経験や、現在の想い、将来の展望などを、じっくり時間をかけて洗い出し、表現し、「今まで生きてきたほかのだれでもない自分」がつかめると、驚くほど実感のある、人に伝わる文章を書くようになる。

一方、社会人の場合は、自分探しでなく、「関係性の中での自分の立場の発見」に悩む。

たとえば、編集者が執筆者に、原稿の依頼文を書くとして、

「全国の高校生に向けて、先生にぜひ、環境問題の最前線をわかりやすく解説していただきたいとおもいます。実は、学生時代から、ずっと先生のファンで、卒論にも多

大な影響を受けました。なお、弊社規定により原稿料は五万円とさせていただいております」

ここには、少なくとも、三とおりの「私」がいる。

一つ目は、全国の読者である高校生を代弁する「編集者としての私」、二つ目めは、「先生のファンであるという個人としての私」、三つ目めは、「会社の決まりごとを伝える組織人としての私」。

それぞれ微妙に主語がちがってくる。厳密に書き分けるとこうなる。

「わたくしども小論文編集部は、全国の高校生に向けて、先生にぜひ、環境問題の最前線をわかりやすく解説していただきたいと考えます。実は、私は、学生時代から、ずっと先生のファンで、卒論にも多大な影響を受けました。なお弊社は、原稿料において一ページ一万円という一律の規定額を設けております。この規定に基づき五ページ、五万円をお支払いする所存です」

社会人になると、関係性の中で、いくつもの自己を使い分ける必要がでてくる。

外部の人に文章を書くにしても、「弊社は」と、会社の看板を背負ってものを言うのか、「A事業部は」と事業部を代表するのか、自分の担当の仕事「小論文編集部は」とするのか。

そして、同じ社内の人に「弊社は」という主語はおかしいので、上司には「部下である自分」として接し、他事業部には、「A事業部を代表してお願いにきた自分」であったり、あえて、組織を離れた「一個人」として発言したり。

同じシーンの中でも、主語が、刻々と変わることさえある。

学生時代に、「私は」「僕は」と何の迷いもなく言えた主語も、あるいは、それ以外の主語がなく、自分は自分でしかないと思っていた人も、会社にはいると、関係性が広がり、「弊社は」なのか、「私たちは」なのか、とにかく、ここの主語は「私は」ではないな、というシーンが増えていく。複雑な主語の取り方をあいまいにしていくうち、やがて主語自体が文章から消えてしまう。

企画書の主語

企画書に「主語がない」と気がついた私は、主語を入れようと考えた。

「私は」としてみたら、明らかにそぐわない。

企画書は、私が、まぎれもなく、たった一人で書いていた。けれども、実感はまぎれもなく、チームなのだ。会社では、一人で担当する仕事も、実は見えない複数の存在に活かされており、総合力なのだとわかった。

しかし「私たちは」としてみたが、そぐわない。「たち」ってだれのことなのか、よけいもやもやしてしまう。

会社を一人称にして「B社は」としてもおかしい。企画書は、社内向けのものだ。企画の決済をもらう相手、フィードバックやダメだしをもらう相手も、同じ「B社」の人なのだから。当時、まわりの社員の企画書を見せてもらっても、主語は、まったくといっていいほどなかった。

みな、「活用率一五％ダウンは最優先で検討されねばならない」というような、怪しい受動態続出の文章を書いていた。

ためしに、「小論文編集部は」と入れてみたら、おどろくほど秩序が明確になった。

「この教材では、入試頻出テーマについての知識と考察力を身につけさせる」

↓

「小論文編集部は、この教材で、高校生に、入試頻出テーマについての知識と考察力を身につけさせる」

「付録の活用率二五％という低さは、次年度にむけ、廃止も視野において、検討されねばならない課題である」

↓

「小論文編集部は、付録の活用率二五％という低さについて、現在、次年度廃止も視野にいれて検討している。結果は二次企画でお伝えする」

ほんとうは、「私ども小論文編集部は」とか「私たち小論文編集部は」のように、より「人間」を感じる言い方のほうが、書いている私としては、ぴったりだったのだが、それは、当時、主語のない企画書が主流の職場であまりにも浮いてしまうので、「小論文編集部は」とした。

でも、これだけでも、すっきりと、企画の内容のみに悩めるようになった。

小論文チームを代表する私が、まず決済する部長に、それから部内の全員に、企画を伝えているのだという、立ち位置が明確になった。

主語を発見する。

それは、「関係性の中での自己」を発見することであり、「自分を取り巻く事実関係」を明確にすることでもある。

マニュアルなどでは、この、関係性の把握からくるわずらわしさから逃れるために、主語を外部的には「弊社は」など、統一して、悩まなくてもすむように、はやく、効率的に文章が書けるように導く向きもある。

でも関係性で悩んで欲しい。

いまのうちから、便利に主語を決めて関係性をとらえる苦労をスルーしてしまうのは危険だ。

学生のころからすれば、「私は」とうたがいようもなく言えた主語が、やすやすと言えなくなり、上司に対しては、部下である自分、外部のスタッフの前にでれば、現場のリーダーである自分、と、自分の立ち位置が、くるくる変わって悩むかも知れない。

「個人である私」として、公でも意見を述べなければならない場合もある。

「いまこれを書いている主語はいったいだれなのか？」

そう考えることで、組織の中の自分、社会と組織と自分を、関係づけてとらえる力が、文章を書きながらにして鍛えられる。

「一人称＝私」の立ち位置を知ること、つまり「自分の立脚点」をつかんで、ささやかに、しっかりと、あなたの考えを書いていこう。

主語を明らかにすることで、あなたの文章は、ずっとわかりやすく、ずっと伝わるようになる！

7 メール・電話・対面をうまく使い分ける

あまり、考え無しに、ついついメールに頼ったコミュニケーションをしていないだろうか？　それでは、せっかくのあなたの持ち味や才能が、生かしきれず、もったいない。メールに傾く社会だからこそ、メール・電話・対面をうまく使い分けて、いちはやく信頼を獲得しよう！

言葉か感覚か

あなたは、「言葉」や「意味」に重点を置いてコミュニケーションをするほうだろうか？

それとも、もうちょっと言葉以外の「気持ち」とか「感覚」で人とつながっていきたいタイプだろうか？

メールは言葉＝意味一〇〇％の世界だ。

考えれば、とても恐ろしい道具だ。顔を合わせて話していれば、表情や目の動き、姿勢や身ぶり手ぶり、声の大きさや声色、間の取り方などで、たとえ口では「バカ」と言ったとしても、愛情や親しみを伝えることさえできる。

これはあきらかに、バカという言葉・意味よりも、表情・身ぶり・声色などのその他の情報のほうが情報の占有率が大きいということだ。

一説によると、「面接」で、面接官に残る「言葉」の印象はたったの七%だそうだ。残りの九三%は、言葉じゃないところでコミュニケーションしていることになる。「小論文」では点数が高かった人が「面接」で好印象だとは限らない。「小論文」では、「言葉＝意味の占有率」が一〇〇%なのに「面接」ではそれがたったの七%になってしまうからだ。

同じコミュニケーションしているといっても、問われる能力はちがってくる。もはや別物と思っていいだろう。

電話で送れないもの

電話はどうだろうか？

いっさいの「視覚」情報が遮断される。姿も、表情も、身ぶりも、それから匂いなどの「嗅覚」の情報も。その分、ぐっと「声」と「言葉」の占有率が高くなる。声がいい、声で抑揚やメリハリをつけるのがうまい、という人には都合がいい道具だが、ふだんから言葉が足りなくて、表情や手ぶりで多くを補って伝えている、そうしないと伝わらない人には、ぐっと不利な道具になる。

視覚的に好印象な人、たとえば容姿がいい感じ、姿勢がきれい、表情豊か、洋服のセンスがよい、という人も、その資質は生かせない。そこが強みの人は、かなりもったいないことをしている。

電話では、声質、声の抑揚、声色、間の取り方によっては、やはり「バカ」と言っても、愛情や親しみをこめることは可能だが、会って話すときよりも、ずっと誤解はされやすくなる。

会って話せば、相手の微妙な表情から、「いま、自分の言っていることは正しく伝わらなかったな」と気づいて、即、「いまのバカは愛情表現です」と訂正もできるが、電話では、相手の表情もまた、読み取れないのだ。

メールは言葉だけの世界

では、メールは?

聴覚の情報さえも遮断されてしまう。声質、声の抑揚、声色、間の取り方などいっさいこめられない。匂いも味も、手触りも、体温もない。手紙の手書き文字のニュアンスや、便箋・封筒のかもしだす雰囲気もない。

言葉＝意味一〇〇％の世界だ。

「バカ」の二文字を書いてしまったら一切のニュアンスはこめられない。「バカ」＝「バカ」、これが文字だけのコミュニケーションだ。

それだけではない。

ここからがメールの恐ろしさだ。表情・声などでニュアンスを補うことができないから、ニュアンス・ゼロで受け取ってくれるかというと、それならいいが、そうではない。受け手が、自分勝手に、いろいろなニュアンスを込めて言葉を読んでしまう。受け手が、気持ちがネガティブになっている、体調が悪い、その言葉にトラウマがある、などの理由で「バカ」という言葉を、何倍も、何十倍もきつく、悪意に満ちたものとして読んでしまう可能性が否めない。

メールでは、書き手がニュアンスを込められない分、読み手がどうとでもニュアンスを込めて読んでしまう。そのため、ある言葉の意味が「増幅」して受け取られるという避けられない性質がある。ネットなどの、書き込みによる中傷が人を自殺にまで追い込むのはこのためだ。

それゆえ、メールには、

1．どうニュアンスを込めて読もうとブレない言葉

2．一〇倍、一〇〇倍にして受け取られても支障がない言葉

しか、実は書いてはいけないのだ。

例えば、アポイントをとるための日時などの言葉、「七月七日の一四時に、御社にうかがいます」という文章は、相手がどうニュアンスを込めて読もうがブレようがない。メール向きだ。

あるいは、相手に感謝を伝えたり、理解や共感を伝えたり、褒めたりすること、有益な情報のシェアは、たとえ一〇倍、一〇〇倍にして受け取られても相手を不快にすることはない。

それゆえ、メールに乗せてはいけないのは、

1. 相手を少しでも否定・批判するような部分を含む話
2. ニュアンスが微妙な誤解されやすい話
3. 込み入った複雑な話

これらの話をするときは、会って話すか、せめて電話（これもあまりすすめられないが）にするしかない。

だれも、電話で、朝わすれていった弁当を届けようとはしない。それは電話では送れないとわかっているからだ。送ろうとすれば笑い話だ。しかし、この笑い話のようなことが実際メールではおこっているのではないか。メールという道具の限界を超えて、本来メールにのっけられないものまで、なんでもかんでも送れるような幻想をもってしまっていないだろうか。電話で視覚情報が遮断されるように、実は、視覚・聴覚・間の取り方だけでなく、もっと多くの情報がメールでは遮断されてしまって、伝わってはいない。伝わってないのに、伝えた気になっている。ここに誤算が生じる。

どう考えて使いわけている？

あなたは、どんなふうにメールとその他の手段を使い分けているだろうか？

その理由が問題だ。

メールのほうがラク、電話をかけるのは勇気がいるし何となく怖い、人に会うのはおっくう、など、単に勇気が出ない、めんどうくさいという自分側の都合だけでメールに依存しているようなら、今日から、使い分けの基準を決めたい。

メールで済ませるか、電話にするか、選ぶ基準はこれだ。

「相手本意」で考える。

1. 少しでも早く伝えてあげないと相手が困るであろう情報
2. 自分が相手だったら、微妙なニュアンスも含めて詳しく聞きたいであろう情報
3. メールを出したけど、相手から返事がこないとき

これらの場合は相手のためにめんどうくささをおして、勇気をだして、電話をする。

メールは、相手が出先だったりすると読むまでに時間がかかったり、送受信のトラブルがあったり、確実さでは劣る。

例えば、待ち合わせ場所、時間などを急に変更した、準備すべき内容が急に変わった、というような場合、早く、確実に知らせてあげないと、相手は、別のところで待ちぼうけをくらったり、必要のない無駄な作業をさせられたりしてしまう。

こういうときは迷わず電話だ。

また、相手が原稿やイラストなどの仕事を納品した場合、「自分の仕事はどうだったのか」評価を聞きたがっている。こういう場合は、相手は、微妙なニュアンスも含めて、仕事の評価を詳しく聞きたがっているだろう。

とくに、仕事が十分でなくて、直させるような場合、相手にしてみたら、メールだけではつかめない、微妙なニュアンスまで知りたい、確認したいと思うだろう。

また、出したメールに返事が来ない場合、驚くべきことだが、そのままほったらかしにしてしまう人がいる。

メールのアドレスがまちがっているか、変わった、送受信の事故、相手のパソコンのトラブル、セキュリティーで迷惑メールに振り分けられてしまった、など届いていない可能性も十分考えられる。

また、「何度メールしても返事がない」と、さらにメールを出そうとする人もいる。メールによるトラブルをメールで確認してもしょうがない、やはり、こういう場合も電話だ。

仕事では、「相手が困る」と想定できた場合、迷惑がられることを恐れて自分をかばうか？　たとえ迷惑がられても、相手本意で考えて電話をかける勇気を持つか？　単に勇気が出ないだけなら、勇気は出したほうがいい。

メール社会だからこそ電話をミカタにつける

また、コミュニケーションの大半が、メールに傾いている分、電話をかける、ただそれだけで、何も言わなくても、「緊急さ」「ことの重要さ」「優先の度合い」が伝わる。つまり、「特別感」が出せる。

この電話の立ち位置を知って、電話を、意識して、ここぞというところで、うまく取り入れたい。

とくに、こちらが依頼をし、返事を聞くような場合は、メールで返事を取りつけず、折り合いを見て、めんどうでも、こちらから電話で返事を聞くといい。

理由は二つある。

一つは、相手本意で考えて、相手もメールだけで依頼を受けるのは不安なときもある。相手にも、不明な点、たずねたいこと、出したい条件などがある場合もある。電話なら、相手側が知りたい情報も、その場でやりとりして伝えてあげられる。

もう一つは、電話は最後の説得の機会でもある。おとなしくメールで返事を待っていたら、断られてしまうであろう相手でも、こちらから電話をすれば、断ろうとする相手を説得したり、相手の言い分を聞いたり、その気になってもらうための、コミュニケーションの最後の機会が持てる。

対面で経験を積む

どうも効率化する社会の傾向からか、依頼は、まずメールで返事をとりつけて、「受けてくれる」とわかった相手にだけ、必要に応じて、会って説明したい、という人も増えた。

受けてくれるかどうか、わからないのに会うのは無駄足だと考えてのことだ。

しかし、ここまでに説明してきたように、多くの情報が欠落した、偏った道具であるメールだけで伝え、メールだけで断られても、そこには、実感も手ごたえもない、だけでなく、あやまったニュアンスで事実をとらえてしまう危険性もある。

つまり、経験が経験にならない。

逆に、短い時間でも会って話をしていれば、たとえ断られて傷ついても、なにがダメだったのか、手ごたえとしてつかめるし、経験値が増える。

人の顔認識というのは、とても強いものがあるので、メールだけでは、すぐに忘れ去られてしまう相手にも、顔を覚えてもらい、記憶に残り、次につながる可能性もある。

なにより、言葉一〇〇%の世界で伝えきれなかったことも、対面で伝えれば、別の手段でおぎなって伝わる可能性もある。

目的と個性に応じて使いわける！

ここまで言ってきたことを、ひっくりかえすと、対面があたりまえになっている相手に対して「どうも感性とか、雰囲気に話が流れてしまう。もっと意味を重点にしたコミュニケーションにしたい。言葉の占有率を高めたい」と思うなら、あえて電話にするか、メールにすれば、言葉を主役にした、より意味に重点を置いたコミュニケーションができるということだ。

自分のコミュニケーションの才能が、言葉にあるのか、視覚にあるのか、声にあるのか、あるいは、その微妙なあわせ技か、場数を踏んで、相手の反応をあびてみないことには、わからないし、生かせない。

大切なコミュニケーションは対面を原則にし、さまざまな能力を総合的に試し、相手の反応をもろにあびて、自分のコミュニケーションの思わぬ才能のありかを発掘し、生かし、伸ばしてほしい。

メールにするか、電話にするか、対面にするか？　常に「よりふさわしい方法」を、できれば「ベストな方法」をと、意志を持って選択していこう！

「なんとなくおっくうだから」「相手に遠慮して」など、引っ込み思案な理由で決めてはいけない。小さい勇気を発揮して、道具を選択しよう。

第3章　一緒に働きたいと思われる・人を動かす表現力

1 相手に「なるほど!」と言わせる技術

説得力はどこからくるか?

「話に説得力がない」、そう言われてとまどっている人はいないだろうか。

会議で意見を言うにせよ、文書で考えを伝えるにせよ、説得力がある人と説得力がない人のちがいはなんだろう。そもそも、説得力はどこからくるか?

では、さっそくこんな「悪い例」から見てみよう。

三人の新人(梅田・竹下・松本)が、会議で意見を求められている。

上野課長　「営業目標の、新規五〇件獲得のために、なにができるか、どうすればいいか、意見を言ってほしい。まず新人の三人から聞いていこう、梅田さん、どうだ?」

梅田　「あのー、まえまえから言おうと思ってたんですけど、営業のデータベースをつくって情報共有したらいいんじゃないでしょうか？」

竹下　「僕も、梅田さんに賛成です。大学の同級生がA社で営業をやってるんですが、やっぱり今年からデータベースをつくって情報共有したところ、めきめき効果が出ているとのことです。だから、うちもやりましょうよ！」

梅田さん、竹下くんの発言に、説得力がないのはなぜだろう？

梅田さんの発言は、「意見」だけで「論拠」がない。これは、すぐ気がつくと思う。仕事のコミュニケーションの基本は、いまさら言うまでもないことだが、**「意見と論拠」**だ。

「意見」＝言いたいこと、だけ言い放っても、理由や根拠＝「論拠」、がなければ伝わらない。理由・根拠を明らかにすること。

説得力＝「論拠」の確かさ、であることは、多くの人がわかっていると思う。にもかかわらず、その「論拠」に、どうも説得力がないのはなぜだろう？　仕事で意見を求められれば、たいていの人は、「意見と論拠」で伝えている。

竹下くんの話も「意見と論拠」の論理構成になっている。

「論拠」＝他社でデータベースをつくり情報共有したところ効果が出ている。
↓
「意見」＝だから、当社もデータベースをつくって情報共有するのがよい。

ここに、落とし穴がある。「論拠」を用意しなさいと言われると、自分の経験なり、見聞なり、新聞にあったデータなり、本から得た知識なり、みんな、どこからか、根拠を持ってくる。ただし、その多くは「事実」であることが多い。根拠となる「具体的事実」だ。そして、説得力がないと言われる人のほとんどが、「事実」から「意見」に、一足飛びに飛んでしまう。

「事実」＝他社で成功した。
↓
「意見」＝だから、うちでもやりましょうよ。

説得力に欠けると自分でも思っているとき、事実から結論に飛んでしまう構造に陥

っていないだろうか？　この構造のままだと、いくら言葉を重ねたって、説得力は出ない。たとえば、

「（事実）いまのままの営業では、クライアントのリストも、ノウハウも、個人個人が抱え込んでしまって共有できません。（意見）だから情報共有しましょうよ」

「（事実）ベテランの営業マンがリストもノウハウも個人で抱え込んでしまっていて、新人がやみくもにあたってもほとんど無駄です。（意見）だから各自もっているリストやノウハウを公開して、組織的に動きましょうよ」

こうしたもの言いの、論拠となっているのは、すべて「事実」だ。

「他社で成功している」

「いまのやりかたには問題がある」

「今のままでは無駄が多い」

これらはすべて事実にとどまってしまって、そんな事実があるから、だからどうなんだ、ということがわからない。

大学入試の小論文でも、伝わらない答案のほとんどが、論拠となる具体的事実をあ

げるところまではできているのだが、それで事足れりとし、そこから一気に結論に飛んでしまう、「事実→意見」の文章になってしまっているのだ。
受け手が知りたいのは、根拠となる具体的事実から、あなた自身がどう考えて、その結論に至ったのか、つまり、事実と意見の間の部分だ。

事実→考察→意見の三段構造で話せ

説得力はどこからくるか？
それは、あなたが具体的事実からどう考えたか、の「考察」にある。
つまり、「事実→考察→意見」の三段構造で話すことだ。
例えばこんな感じだ。

松本　「(事実) A社が情報共有して成功した例は、私も聞きました。(考察) 設立五年の若い会社ですら、そうなんです。当社は三〇年以上も、この地域に密着してずっと営業をしてきた、歴史と伝統があります。営業マン一人一人が積み上げたノウハウも、A社とは比較になりません。(意見) 情報共有は、当社のような、営業のプロフェッショナルがいる会社でやってこそ、効果があると、私は考えます」

ひと手間ではあるものの、根拠となる具体的事実から、一足飛びに意見に飛ばず、事実から、自分なりにどう考えたかという「考察」が、きちんとはさまれている。

「事実→考察→意見」

他社が成功したから、うちもやろう、ではなく、他社が成功した事実は、当社に置き換えて考えてみてどうか、そこにどんな意味があるのか、と、自分なりの分析・考察をはさんでから、結論に至っているので、前の二人の発言とは印象が違う。少し、説得力が出ているのを感じるだろう。

考察、つまり、「自分の頭で考える」というひと手間があるか、ないか。

慣れていない間は、根拠となる「事実」をもってきたあと、そこからどう考えればいいか、どこまで考えればいいか、悩むだろう。

そう。「考える」ということは、それだけ、めんどうくさく、大変な作業なのだ。だからこそ、知的生産のある意見は価値があり、みなをうならせる説得力がある。

過去・現在・未来に視野を広げて考える

考えるコツを、二つだけあげておこう。

1. 過去・現在・未来に視野を広げて考える
2. キーワードの提示

ベタな方法と言われても、ナメずにやってみる価値がある。

根拠となる「具体的事実」、たとえば、「他社のA社が情報共有して成功した」をあげたら、そこから、「過去・現在・未来」の三方向で考えてみる。

「過去」を見るときのポイントは「CAN」だ。

問題の過去にさかのぼって、歴史や背景をみたときに、自分たちに「できること＝CAN」を考えてみる。問題の背景をたどるときに、私たちはどうしても、悪い面・足りない面を探りがちだ。

例えばこの場合、「営業マンが個人でノウハウを抱え込んできた」「個人プレイで組織的に動けずにきてしまった」というのは、さして考えようとしなくても、だれしも思いつくことだ。

会社の過去のマイナス面から問題解決を図ろうとしても、それは、会社に「無いもの」、会社の「不得意」から発するもので、木に竹をついだように、根の無い、もろいものになりがちだ。

それよりも、「できること＝ＣＡＮ」から考えてみる。

たとえば先にあげた松本くんの発言のように、地域に密着して三〇年以上ずっと営業してきた歴史と伝統、そこで蓄積してきた営業マン個人のノウハウ、などと長所や得意に着目してみる。

次に、「現在」を見る。ポイントは「やるべきこと＝ＭＵＳＴ」だ。

現状を見たときに、個人プレイで、リストやノウハウが共有されず、新人はやみくもに営業するという格好になっており、情報共有は、どうしても「やるべきこと＝ＭＵＳＴ」であることがわかるだろう。いろいろあっても、「どうしても」「最優先で」やらねばならないことをひとつ絞り込むのが、「現在」を見るときのポイントだ。

次に、「将来」を思い描く。ポイントは「やりたいこと＝ＷＡＮＴ」だ。

営業スタイルをめぐって、現状では不満が多いかもしれないが、理想を実現できるとしたら、未来にどんな営業スタイルにしていきたいか、どんな営業の世界観を達成したいか、と考えてみる。

松本くんの発言も、詳しくは語られていないが、三〇年のプロのノウハウが、個人から組織へとひろがったときに、聞く人にも展望が開けてくる。

このように会社の問題について考えるとき、少なくとも、会社の過去（CAN）、現在（MUST）、未来（WANT）だけは、自分の中で整理してみると、手がかりになる。

キーワードを提示せよ

「考察」のコツ、二つ目は、「キーワード」の提示だ。

「事実↓考察↓意見」の三段構造で語れ、と言われたとき、多くの人は、この「考察」のところをどこまで考えたらいいか悩むと思う。考えだしたら終わりが無いことだってある。忙しい仕事現場では、気が済むまで考える時間は無い。そこでひとつの線引きとして、「キーワードひと言でつかめるまで」としてみる。

松本くんの発言を見てみると、「当社は三〇年以上も、この地域に密着してずっと営業をしてきた、歴史と伝統がある」「営業マン一人一人が積み上げたノウハウがある」、これらのことから、「営業のプロフェッショナル」というキーワードを導き出している。漠然とした言葉の羅列で伝えるか、キーワードひと言で言いきるかでは、ずいぶん印象が違う。

「事実→考察→意見」で述べるとき、言いたいことについて、思いあたる「事実」を引いてきた時点で、言葉にはできなくても自分のなかになにかしらの考えはあるはずだ。竹下くんも、なにも考えずに、ただ「A社が成功した」という事実を持ち出してきたのではない、そこに何か感じることはあったはず。ただその「何か」が言葉にできないから、人に説明できなくて苦しむ。そういうときこそ、「考える作業」の出番だ。この「何か」が自分なりにしっくりした言葉にできるまでは、ちょっと粘って考えてみる。

事実から自分が感じたことを、言葉にして取り出す作業が、考える作業だ。

「キーワード」、つまり一言で言えたというのは、自分のなかにもやもやしているものに整理がついた、もやもやに優先順位や秩序を与え、その中のもっとも伝えたいところがわかった、カタチにできた、ということである。逆に短く言えない、ということは、実は自分でもよくわかっていないということだ。

「一言で言えた」ということは「考えた」ということの証である。

そこで、説得力が無いといわれる人は、このような論理構造を意識して話してみよう。

1.「事実」＝伝えたいことの根拠となる具体的な事実をあげる。
↓
2.「考察」＝その事実から自分自身がどう考えたかを説明する。
↓
3. ここで「キーワード」の提示。
↓
4.「意見」＝伝えたかったことの結論を言いきる。

考察のところでは、なれないうちは、多少もたついたり、だらだらしてもかまわないので、自分なりの分析を何とか伝えようとすること、そして、ここぞというところで「キーワード」を打ち出そう。

説得力はどこからくるか？
それはあなた自身が「考える」という作業からくる。
あなたの分析・考察、それはオリジナルであなたにしかできないことだ。

それをキーワードに結晶させよう！

「なるほど！」という相手の納得感、そこがゴールだ！

2　理想の上司でなく、目の前の上司を支えなさい

劇的に成果が出た年、何をしたか？

仕事で大成功している編集者さんに、「分岐点」をたずねた。もともと彼は、別の仕事から転職してきており、入社数年間は、ぱっとしなかったそうだ。それが、あるころから目に見えて成果が出る、続けて出る、ようになった。

何か分岐点になるようなことがあったのかとたずねたら、そういえば……、と思い出したように、

「入社して、初めて、上司のことを考えるようになった」

と答えた。驚いた。私も、初めて、はっきりと、社内に認められる成果を出した年、やっぱり、同じように、生まれて初めて上司のことを考えたからだ。しかも、そのときの上司というのが、理想とはほど遠い上司で。

大企業で上司が次々変わっていく中、尊敬できる人格者もいたし、きわだって能力の高い上司もいた。性格的に好きで相性のよい上司もいた中で、その上司は、どちらかといえば自分とはソリの合わない上司だった。にもかかわらず、私は入社以来初めて上司のことを考え、半年後、入社以来最高の成果を出した。

上司との関係、どう考えたらいいのだろうか？

とくに、理想とほど遠い上司の場合、それでも上司を尊敬しなければならないのだろうか？

以前、チームで仕事をしていたとき、二人のタイプのちがう新人をむかえたことがある。（プライバシーに抵触しないよう、改変を加えてお話しする）

おどろくことに、二人とも、入社してかなり早い段階で、みんなのまえで、「この仕事は、自分のやりたいことではない」とはっきり言った。二人にはそれぞれ、「自分のやりたいこと」があった。

新人の一人（仮に「助川さん」と呼ぶ）が、彼女は、希望とはぜんぜんジャンルのちがうところに配属されてきた。たとえて言えば、「ファッション」の編集をしたかった人が、「教材」の編集にまわされてしまった、そんな感じだ。

もう一人（仮に「現田くん」と呼ぶ）は、たしかに希望のジャンルの仕事に就けたのだけど、自分の理想があり、それが会社の方針とはちがうようだった。たとえて言えば、教材の編集はしたかったんだけど、会社はあまりにも「知育偏重」、自分はもっと「心の教育」を目指したい、そんな感じだ。

自分のやりたいことと、会社のやりたいことが違う。ここまでは同じでも、二人は半年後、評価に大きな差が出た。

助川さんは、チームの信頼もあつく、プロジェクトを組むにしても、新しい企画の担当を決めるにしても、みんな、進んで助川さんと組みたがり、助川さんを起用したがった。

一方で、現田くんは、なんとなくけむたがられ、チームのみんなから距離を置かれていた。プロジェクトメンバーを選ぶときも、みんな積極的に現田くんと組みたがらない。

そのような人間関係のことだけなら、まだいい。

二人は入社半年だというのに、能力に大きな差がついた。助川さんは、校正やレイアウト・著作権などの、編集の基本を次々と習得し、外部の先生たちとのつきあいにしても、基本のルールやマナーをわきまえて、スキルアップしていった。

半年後には、もう、一人で仕事をまわせるようになっていた。

一方で、現田くんは、これは、私の偏見かもしれないけれど、あまり進化がない、もっと言えば、入社したときのまま、成長がとまっているかのように見えた。

上司のやりたいことを支援する

二人のなにが違うかといえば、上司とつきあうスタンスがまったくちがっていた。

助川さんは、「自分のやりたいこと」は、自分の中にちゃんと持っていて、その上で、「上司のやりたいこと」を理解して、「上司のやりたいこと」を一緒になって責任をもってやる。

つまり、「上司のやりたいこと」を支援する。

助川さんは、「自分のやりたいこと＝ゴール」がはっきりしているためか、「他人のゴール」にも寛容だ。自分のやりたいこととは違う他人のゴールでも正確に理解し、責任をもって協力することができる。私も一度だけ、先輩として彼女と一緒に出張にいったことがある。

「山田さんはこの出張で何を目指してらっしゃるんですか？」

と私のやりたいことを理解し、それが達成できるように、

「先方には手配しておきました」

「先方へのおみやげは私が買っていきます」

と、彼女ならではの視点で、機転を利かせたサポートから、雑用まで、考えて、次々実行してくれた。私は、とてもやりやすく、出張も大収穫で、機会があるなら、彼女とまた組みたかった。

　助川さんは、五年ほど勤め、最初に公言したとおり、別ジャンルの編集をするため、違う出版社を受けて、受かって、辞めてしまったが、その五年間に、上司や先輩たちから信頼され、チームに貢献し、編集のスキルを一人前に身につけ、責任ある仕事を次々とまかされて、やりこなしていった。

自分のやりたいこと以外には協力できないのか?

　一方、現田くんは、自分のやりたいことを、上司に「わかってもらおう」とする。入社当時に言っていた、自分の理想論を、半年たっても、そのまんま、同じように繰り返していた。

　会議で意見が求められても、出来上がった商品をチームで回覧し、コメントを書き

添えるにしても、「正直言って、うちの会社は知育偏重、入社して、がっかりした。もっと、情操教育とか、こどもの内面の教育を望みます」という具合だ。

現田くんは、自分のやりたいことと、会社のやりたいことは、一緒であってほしい、一緒であるはずだ、という思い込みが強く、その思い込みがはずれた「うらみ」のようなものを強く抱えたままのように思えた。助川さんが、自分のやりたいことと、会社のやりたいことを、それぞれ正確に知っていて、両者の距離を測り、上司に協力できるのと対照的だった。

現田くんの発言は、要約すると「わかってくれ」を上司に繰り返すだけ。しかし、まわりからは強く見える上司も、新人から「正直がっかりした」を連呼され、ずいぶんモチベーションを下げていたことを私は知っている。

上司は言っていた。

「新人は、上司は強いと思って何でも言うけど、上司だって人間だから、傷つくんだよね」

不思議なことに、「正直がっかりした」と現田くんに言われて、モチベーションを下げているのは上司だけではなかった。チームのメンバーもなぜかへこんだ。私でさえも、上司に日ごろ反感を持っているメンバーでさえも、現田くんに「正直がっかりした」と編集方針をけなされ、まるで自分のことをけなされているかのように、いやーな気分になった。

日々、小さな反発はあっても、「上司の方針＝チームの方針」、それがいつのまにか血肉化して、「チームで働く一人一人の方針」になりつつあると知った。

どんな会社やチームでも、得意で歴史がある面と、不得意で過去の積み上げがない部分はある。現田くんの言う、「心の教育」のような言葉は、あまりにも正論なので、ふりかざされたほうはたやすく批判できない。だからといって、へたにとりいれようにも、歴史や伝統がないので、おいそれとはいかない。現田くんに「心の教育」と正論をふりかざされればふりかざされるほど、チームの人は正面切って反論できない分、チームのもっているかけがえのない強みをわかってもらえないと不満をためこむようになった。

「会社という船」のゴールを知る

上司やチームの良さをみようとしない現田くんには、良いところがあっても目に入らないし、目に入らないから、スキルもなかなか身につかない。現田くんは、理想の上司像にとらわれて、現実の上司を、先入観なく、「それはそれ」として見ることができないようだった。

あくまで理想の上司とは、現田くんにとって、「自分のやりたいこと」をわかってくれる上司、「自分のやりたいこと」をやらせてくれる上司だ。それであれば懐に飛び込んでいって協力するし、そうでなければ、わかってもらえるまで、不満を言い続ける、というスタンスだ。

しかし、会社という船に乗った以上、「上司のやりたいこと」をチームで一緒になってやる、責任と主体性をもって、「上司の目指すゴール」を支援する、というのは基本ではないか。

上司もさらにその上から、ゴールを課されている。

「就職」ではなく、「就社」を選んだ以上、自分と社会はダイレクトにつながっていない。「会社という船」を経由して、はじめて自分と社会はつながっていく。まずは、船を目的地にいかせることだ。その支援のあり方に、自分の個性も創造性も求められている。

これは、「上司という人間を支援する」ということではない。ましてや、上司という人間にこびる・へつらうということでは決してないのだ。上司という人間に奉仕してしまうと、結局は、上司のコピーロボット以上にはなれない。上司の気に入るようにやるとか、言われたことを言われたようにやることしかできない。

それ以上が期待されている。

あくまで、支援するのは、上司ではなく、「上司の目指すゴール」だ。それがときに、何百万、何千万の顧客を対象にした壮大なゴールであろうとも、その大きなゴールに自分として責任を持っていい。

上司だけでは、思いつかなかった方法も、上司だけでは得られなかった情報も自ら差し出して、船をゴールにつけることが期待されている。

たとえば、お客さんから教材について質問されて、「心の教育という視点で見ると……」と会社を無視した自分の方針で返事をしてしまうのは、仕事と自己実現をはきちがえている。かといって、上司に「どうしましょう？」といちいちたずねるのは、上司の顔色をうかがい、上司に奉仕しているだけであって、コピーロボット以上にはなれない。

「知育を重んじている当社の方針に照らしたとき、自分なら何が言えるか、お客さんに何を伝えたいか」

と考えて、責任ある返事をするのが、船の乗組員にふさわしい。

上司の目線になって考える

私自身、入社一〇年目を過ぎたころ、初めて上司のことを考えるようになった。方法はとても簡単で、朝三分時間をとって、上司のことを考える。

考えるといっても、「思いやる」とか、「尊敬する」というような精神的なことではない。そんなことをすれば、その上司とはソリがあわなかったのだし、腹が立つだけだ。ただ、具体的な事実を認識していくだけだ。

たとえば、

「今朝、課長は、チームの四〇人のだれよりも早く出社していた」

「メンバーより二時間早く出社した課長は、編集会議で配る資料をつくった」

「会議三〇分前に、課長は、課長補佐と、これをメンバーにどう持っていくかを検討していた」

「会議後、課長は、課長補佐と、部屋にのこってこれを上にどう持っていくかを一時間話し合った」

「昼食に席を立ちかけた上司は、戻って私の書類に目を通し、ハンコを押してくれた」

「上司は、私の提案を課に一斉メールで流してくれた」

というふうに、淡々と、具体的な事実を三分とって、頭のなかで認識するだけ。

すると、しだいに、上司の過去、現在、未来の文脈が見えてきた。

「朝、だれよりも早く来て準備したのに、メンバーに一蹴されたらめげるよなあ」とか、「上の会議に、今日の決定が通らなかったら、これまでの課の話し合いがゼロになってしまうよなあ、上にどう通すべきなんだろう」とか、知らず知らずに、上司の目になって、状況を見るようになっていった。

すると、自分が発言するときも、不思議なことに、上司から見た自分、つまり、ひとつ上の目線から自分の言動が見られるようになっていった。

そうしているうちに、さらにその上、全社の中で、うちの課が置かれた状況、達成しなければならない目標とか、問題点などが、リアリティーを持って見えてきた。

よく、社員でも、「経営者としての視点を持て」とか「広い視野を持て」といわれるが、やろうとしても、現実にはなかなか難しいことだ。

しかし、まずは、目の前にいる一人の上司の目になってものごとを見る。

これだけで自分と上が、ガチリとつながっていった。

はじめて、自分のやりたいことありきではなく、「課として達成したいゴール」ありきで考えて、「そういうことなら自分として、このような協力もできる、自分にしかできない、このような貢献もできる」とアイデアがわいていった。

理想を持つことは尊い。けれども、理想に合わせて物事をみてしまうと、私たちは、その物事本来のよさを見失いがちだ。

「それはそれ」として、先入観なく見る。

ありもしない理想の上司を抱いて、目の前の上司をああだこうだと裁くより、「この上司ありき」から出発し、船をどうにかして、この船長の思うゴールにたどりつかせようと創意工夫するとき、あなたの実力は、周囲とがっちりかみあって、認められていくのではないだろうか。

3 上の話を下へ、外へ、明快に報告する

コミュニケーションのゴールを見極める

いきなりだが、レポートと小論文の違いを聞かれたら、あなたはどう答えるだろう？

ゴールから考えるとわかりやすい。

小論文のゴールは「説得」。

レポートのゴールは「報告」だ。

自分の「意見」を、「論拠」を明らかにしながら述べて読み手を「説得」するのが小論文、「なるほど」と言わせたら、そこがゴールだ。

一方、レポートは説得まではしなくていい。「事実」と、その事実から言えること、つまり「考察」を、読み手に「報告」するのがレポートだ。

もっとも、「事実」だけのものでもレポートと呼ぶし、「事実＋考察」に自分の「意見」を加えたものまで、幅広くレポートと呼ぶので、現実には、それぞれの職場の定義にしたがってほしいのだが、言いたいのは、コミュニケーションにはゴールがあるということ。そして、「報告」が求められている以上、「報告」というゴールを目指すべきだということ。「説得」や「共感」を期待して、まちがっても「感動」などをねらって、はなからよそのゴールを目指すべきではないのだ。

報告をする。

それ以上でも、以下でもなく、あなたはきちんとできているだろうか？

報告の仕方がいい上司、まずい上司

こんなケースがある。

会社員のAさんは、何人かの上司のもとで働いたあと、部下から見て、報告の仕方がいい上司と、わるい上司がいることに気がついた。

たとえば、「上の会議」で発表されたことを上司が部下に報告するようなとき、部下が仕事をやりやすいと感じる上司の報告は、「事実」を明快に伝えている。

一方、部下がやりづらいと感じる上司は、会議で話された事実に、上司自身の「意見」をまぜながら伝えてしまう。

だから、上の会議の報告を受けて、部下が、質問や意見を述べても、報告の仕方がいい上司は、

「その質問については、上の会議では、このように考えられていました」

「その意見について、上は、会議でこのように言っていました」

「その質問については、上の会議ではまだ何も話し合っていないので、答えることができません」

と、やはり事実で、回答していく。

しかし、報告の仕方がわるい上司は、もともと自分の意見と、上の会議での事実をまぜて報告しているので、それに対して、部下からの質問や意見がきても、

「その質問については、たぶん、こうだろう」と自分のあて推量で答えてしまったり、

「その意見については私もこう思うんだよ」と自分自身の意見を返したり、あげく、

「そんなこと聞かれても私にはわからないよ」

となってしまう。


そして、部下からさまざまな質問や意見が出た後、場を締めくくるときも、

いい上司は、

「以上、上ではAという方針でやっていこうとしています。それに対して、みなさんからは、Bという意見や、Cという疑問点があがりました。これは、私自身の意見ですが、Aという方針におおむね賛成であるものの、Bの可能性も確かにあると考えます。ですから、Bについては、早急に、会議の場を設けて、このメンバーで検討しましょう。また、疑問点Cについては、さっそく次の上の会議で、質問してみます」

というふうに、あがった質問・意見をこのあと、だれが処理するかを明らかにする。


わるい上司の場合、もともと、上の会議で発表されたことに、自分の意見も交えて、

「私はこう思うんだけど、会社はAの方針がいいと言ってるんです」

と伝えているので、部下は、上の会議について、全体像が浮かばないままだ。

さらに、部下が質問や意見を出すにしても、上の会議について意見・質問するのとごちゃまぜに、上司の意見についても、意見を述べたり、質問もしてしまう。

そこにまた、上司が、上の意見と自分の意見をごちゃまぜにして回答するため、報告の場なのか、なんらかの議題について話し合っているのか、混線して、部下は消化不良になってしまう。

はき違えた報告は、受け手を惑わすだけだ。

私自身、会社にいたとき、やはり同じような経験をした。私の場合は、上司と、さらにその上が、おりあいが悪かったので、なお始末がわるかった。上の会議の報告をするとき、その上司は、いちいちネガティブな自分の意見を添えて、部下に報告した。

「上は、なんと！　来年度、Aという方針をとろうとしている。現場を何だと思ってるんだろう。あんまり腹が立ったので、私は、Bだと言ったんだが、のらりくらりとかわされてしまい……、結局、上は、前例のない、新しいことをしたがらないんだ……」

というふうに。

組織人として、上にはさからえない人も多い中、その上司は、会議で堂々と上に反論したことや、部下たちが聞いている前で、堂々と上の非を指摘することを、勇気ある行為と思っていたようだ。

しかし、私には、どうも手続きをまちがえているようにおもえてならなかった。部下に報告するからには、その前提として、自分が上の会議で充分話し合っておくべきではないか。

その上司だって「上の会議」の一員だからだ。

細かな疑問まですべてつぶして完全に見解を統一しろとまでは言わないが、それだけの不満や反論があるなら、上と充分に話し合うべきだ。自分なりの納得ラインをひいて、少なくとも、それに達するまでは話し合って、部下に報告するのは納得ラインに達してからだ。

外の人に社の決定を報告する

同じことが、いま私がフリーランスとして、さまざまな会社と仕事をしていても言える。

たとえば、担当社員が新人など、立場がまだ弱い場合、私との話し合いで決定したことが、社に持ち帰ったときに、上司によって、覆されてしまうことがある。

そのような場合、「僕はこう思うのに、上司は聞いてくれなかった」と、自分の不満を交えて報告する人がいる。しかし、外部の人間である私は、とまどうだけだ。「僕は」こう思う、と言われても、その案は、結局は社として通らなかったのだから、やりようがない。「上司は」わかってくれない、とわからずやのように話されても、同調すれば、自分とその会社の関係までまずくなるから返答に困る。

不満があるなら、先に会社の中で解消してきてほしい。充分に上司と話し合って、社として、見解を統一させて、それから、外部に報告してほしい。外部の人間として知りたいのは、「僕はこうだけれど、上司はこう」という、ある個人から見た事実ではなく、「社としては」どう考えるかだ。

社員によって、意見はわかれることもあるだろうが、最終的に、「社としては」何を大切にし、どのような理由から、どんな結論を出したのか、を知らせてほしい。

担当社員、個人として、社に異論がある場合も、「異論」からではなく、「納得ライン」から話してほしい。最終的には、社の結論に合意したのだから、どのように納得ラインを見出したのかを伝えてほしい。

「私自身の意見は、完全に社と一致というわけではないのですが、社として、ずっと大切にしているこのような点や、このような理由には、納得できました。そこで、最終的に、私も社の決定に合意しました」と。

このように納得ラインを先に報告すれば、外部のスタッフや協力者も、会社への印象がよくなるし、社の決定への納得もしやすい。

個人の不満や、悔しさを述べるのであれば、優先順位はいちばんあと。別の機会にするか、あるいは外部スタッフから「あなた個人の考えを聞かせてください」と求められてからにするか、あるいは、単に外部スタッフをわずらわせるだけなら、個人の異論は、言わなくてもいいかもしれない。

報告の主語を明らかにする

報告には「いつ、だれが、どうした」は事実関係を明らかにする上で欠かせないが、それぞれの報告の際、この場合の「だれが＝主語」はだれなのかを、まず、明らかにすることだ。

上の会議の報告を部下にする場合、「だれが＝主語」は、「私が」ではなく、「上の会議が」「上の人が」である。

また、立場がどうあれ、問題を社に持ってかえり、社として検討した結果を、外部の人に報告する場では、主語はやはり、「私が」ではなく、「弊社が」である。

チームを代表して、工場に依頼をし、工場側のリアクションをチームに報告する際、やはり、「私が」でなく、「工場が」「工場の職員たちが」である。「だれが」をまちがえないこと、一貫させること、みだりに、「私が」あるいは「私は」をまぜないこと、これだけでも、報告は伝わりやすくなる。

修飾語を禁止してみる

さらに、「事実・考察・意見」のうち、事実を中心に伝えること、それも、事実関係を明らかにして伝えること。

事実から明らかに導ける考察を加えてもいいが、意見はみだりにはさまないこと。意見を述べるときは、必ず、「これは私自身の意見ですが」などと、報告の本文と区別して伝えることが必要だ。

事実関係を明らかにするためには、修飾語をできるだけ用いず、主語と動詞で、伝えることもコツだ。

「工場の人々は、きびきびと仕事をしていた」
「会議は着々と進んだ」

「彼は優しい人間だ」

というように、「きびきびと」「着々と」「優しい」などの修飾語をつい使いたくなるが、報告の際の修飾語の多様は、事実関係をあいまいにしやすい。

修飾語を用いないで書こうとすると、たとえば、

「工場の人々は、三分二〇〇個のペースで製品をつくっていた」
「会議では、主要五議題をすべて予定時間内に検討し終えた」
「彼は被災者に五〇〇万の募金をした」

というように、いつ、だれが、何を、どうした、という事実関係があきらかになりやすい。

報告の際は、その場を見ていない人にも、あなたの言葉だけで、その場の全体像や事実関係が明らかになるように、「報告」に徹して伝えよう。

あなた自身の意見は必要ないのではなく、事実関係を相手と共有できた先に、求められたり、活用されたりする。

つい自分の意見が入ってしまうという人は、あらかじめ、「事実」と、事実について分析する「考察」、そして、自分の「意見」の三つの欄を設けて、それぞれ分けて書いておけば、まざらないし、読む人もそのつもりで読むので混乱することがない。
「報告」は、まず「事実」を、自分の意見をまぜずに伝えきることを必達ラインにしよう！

4　皆から慕われる！　自己アピールの方法

アピール不足で損してると言われたら？

実力以下に見られて損をしている人、意外に多いんじゃないだろうか？「伝えなければ、伝わらない」。まず、この厳しい現実をしっかり受け止めよう。あなたが内面に、どんな良い資質や能力をもっていたとしても、言葉や行動など、なにかカタチにして表さないと、人に知ってもらうことはできない。

「おまえは、一緒に仕事をしてみると、ほんとにすごいやつなんだけど、一見して、そんなふうに見えないよな。おまえ、アピール不足で損をしてるよ」

なんて上司に言われてしまったとき、どうすればいいのだろうか？　焦って「自己アピール」に走るのは、すすめられない。日本人は、謙虚な人を好み、自分を誇示する人にあんまり好感を持たない。

それに、上司のもとには、日々、「わかってくれ、認めてくれ」という部下からのたくさんのアピールがおしよせており、もしもあなたが自己アピールに走ったとしても、上司は、「またか」とうんざりするか、もしくは、「自分を宣伝している」そのこと自体をうとましく感じ「自分の宣伝をする暇があったら働けー！」ということにもなりかねない。

アピール不足と言われるとき、必要なのは、アピールではない。必要なのは、「コミュニケーション」なのだ。実力以下に見られる人のほとんどが、上司や同僚と「コミュニケーション不足」なのだ。

アピール下手だと言われたら、自分のことを上司や同僚に正しく知ってもらうための、そして、自分の等身大のメディア力（＝信頼性）を築くためのコミュニケーション術を身につけよう！

何もしないでいるうちに伝わってしまったもの

コミュニケーション不足と指摘される人のほとんどがこう言う。

「必要なとき以外、コミュニケーションをとらない」

必要最小限、これは危険な発想だ。必要なときはコミュニケーションをとるんだからいいじゃないかと思われがちだが、実はそうではない。極端に言うと、あなたのメディア力に「問題児」のレッテルが貼られる危険性だってあるのだ。

私自身、企業に一六年、編集者として勤めたが、「メディア力」のなんたるかに気づいていなかったはじめのころ、大失敗をした。

当時、私は、上司にこびることがきらいで、実力で勝負したいとつっぱっていた。昼休みに上司の席のまわりに群がって上司と親しく私語をかわしているような同僚が苦手だった。それゆえ、上司とは必要最低限のやりとりしかせず、飲み会にも行かないし、行っても上司のそばにはあえてよりつきもしなかった。

けれど、人並み以上にがんばっているにもかかわらず、なぜか、他の人のほうが、プロジェクトメンバーに選ばれるなど、いいポジションを獲得していく。

そんなある日、人づてに、上司がこう言っているというのを聞いた。

「山田さんは、なにを考えているのかわからない。山田さんが、たまーに、僕の席に近づいてくるときは、必ず眉間にシワを寄せて、すごく困った顔をしている」

私は、はっ、とした。

「必要なとき以外、コミュニケーションをとらない」の「必要なとき」って、どういうときかというと、執筆者の先生ともめたときとか、読者からクレームがきたときとか、そして、「ミス」がでたときとか……。

そうか！　「必要なとき」って、「非日常」だ！

ミスやトラブルなどの「問題発生」か、華々しい成果が出たなどの「栄光」。でも、栄光はめったにおきないから、結局、上司のところにいくのはほとんどが「問題発生時」ということになる。たいていの日は、わざわざ上司に言うほどの、いいことも悪いことも起きず、ただ平常どおり、業務をまっとうしているだけなのだ。

「非日常」は三％、のこり「日常」は九七％。このままでは、たった三％の「非日常」の自分の姿、つまり、なにか起きて眉間にシワを寄せて困っている自分の姿しか、上司に伝わっていない。上司のもつ、私に関する情報のうち、一〇〇％を占有するのが、「トラブル発生時の私の姿」ということになる。これでは等身大のメディア力など築けようもない。

それから私は、自分を外側から見て、自分のコミュニケーションのあり方を改めざるをえなかった。次のように改めた効果は絶大で、驚くほど仕事は進めやすくなった。

等身大の自分を伝える三つの方法

自分の良い姿も、悪い姿も、そしてなにより圧倒的大部分である日常の姿も、正しく、社内の人に知ってもらうためにどうしたらいいか？　私が試した方法のうち主なものを三つあげておく。

1．「報告」の義務をおこたらない。報告はむしろ自分のメディア力形成のチャンスととらえる。
2．チームの「雑用」を引き受ける。雑用は広報活動の一環ととらえる。
3．同僚から「質問」をされたり、助けを求められたりしたら、懇切丁寧に対応する。社内での人助けは、自分のキャリアを知ってもらうプレゼンテーションの場でもある。

まず一つ目。仕事では、「報告・連絡・相談」と、よく言われると思う。会議日程や欠席などの「連絡」やトラブルが起きたときの「相談」は、必要に迫られてやっていると思うが、意外になおざりにしがちなのが、「報告」ではないかと思う。

報告するほどのことが起きないとしない、報告書の提出などを求められないとしない、報告書の内容をつい、いいかげんにしてしまう、という人も多いのではないだろうか。

こまめな報告がいざという時、自分を救う

三％の非日常、つまりトラブルや栄光でなくとも、働いていると、なにかしら「発見」をしたり、他の人にもシェアしたい「有益な情報」に出くわしたりすることがある。「これらを上司や同僚に報告してみたらいいのでは」と心では思っても、必要に迫られないので、つい後回しになったり、勇気が出なかったりで、結局できなかったりする。しかし、このような報告を折に触れて、こまめに行うことこそ、九七％の自分の日常を知ってもらう、よい機会なのだ。

たとえば、出張に行った、あるいは、研修のため一日席を空けた、というとき、上司や同僚たちは、その間、あなたの空いた席を見つめているだけで、あなたに関する新たな情報はゼロだ。それだけではなく、留守中、電話の応対をしてくれたり、代わって業務をしてくれた先輩もいるかもしれない。

このようなとき、出張報告、あるいは、研修報告という件名で、短くても、上司や同僚に報告をしてみたらどうだろうか。報告のみでとくに返信を期待するものではなく、お手すきのときに読んでくださるだけで結構です、という位置づけなら、報告をもらった人をいたずらに迷わせることもない。

ポイントは「伝えたいこと」を主役にして書く。

あくまでも、自分を主役にするのではない、ということだ。

出張や研修に行く前と後とで変化した点はなにか？　そこに、「有益な情報」や「発見」がある。そこを中心に、「伝えたいこと」を明確にし、主役にし、上司や同僚にシェアするつもりで書く。

たとえば、「出張にいった工場でこのような最新技術を目の当たりにした、いまの職場にも、このように応用できるのではないか」、とか、あるいは、「研修では、仕事に即、生かせそうなこのような技術を習得した、すでに実践している先輩も多いかもしれないが、参考までに共有しておきたい」、などなど。

これは、私がリーダーになってからだが、自分のチームで会議の方法を変えた、仕事にあたらしい方法を取り入れた、メンバーに進歩が見られた、というようなこともやはりメールで上司に報告していた。それだけでなく、あたらしい会議の方法で成果が出てきたようなとき、会議そのものに、上司を招いて、一緒に参加してもらって、「現場を直接見てもらう」ということもやっていた。これも究極の報告だ。

メールであれ、直接現場に立ち会ってもらうことであれ、上司には、日常のあなたの取り組みが、社内に活かせる有益な情報とともに、日常的に、イキイキとインプットされていく結果になる。

かりにあなたがミスをして、上司に報告に行ったとしても、ふだんのあなたに関する情報が蓄積されている分、トラブル発生時のあなたに関する情報の占有率は下がる。ミスしたときのあなた＝情報占有率一〇〇％、とはならないわけだ。

社内に有益な情報をシェアしつつ、自分の日常の取り組みも知ってもらえる「報告」は、おおいに活用したい。報告書の書き方はまた後で紹介する。

チームの雑用はチャンスだ

次に二つ目の点について。会社にいると、本来の自分の担当業務ではない、チームの仕事を分担させられることがある。全員のとりまとめなどの煩雑な作業、はては宴会の幹事まで、ふられてしまうことがある。

私自身、新人のころは、自分の業務に専念したかったし、なにしろ自分の業務で手一杯、このうえ「島の雑用」（チームのことを当時、島と呼んでいた）までふられてはたまらん、と避けようとしていた。

しかし、実際にやってみると、ふだんヨコのつながりがうすい同僚とも、話す機会が格段に増える。それだけでなくタテ、つまり、リーダーと話す機会も増える。なにしろ雑用でもチーム全体にかかわることなので。雑用を通して、チームのタテ・ヨコ、そして全体像が見えてくるから不思議だ。

本来の自分の仕事ではないからとなおざりにしないで、ふだんの自分の実力・資質のベストでかかわっていくことで、メンバーからよい評価を得たり、「先日は、めんどうなとりまとめをありがとうね」と感謝をされたりする。それだけでなく、「ふだん話したことがなくてどんな人かとおもっていたけれど、意外にしっかりしているのね」「対応がはやくて、丁寧で、信頼できるなと思った」など、雑用をりっぱにやりとげたあとで、思わぬよいメディア力を獲得していることがある。

「あまり話したことがない何を考えているかわからない人」ではなくて、「あの、めんどうなとりまとめをとても気持ちよくやってくれた人」というふうに、まわりの目が変わると、ずいぶん動きやすくなる。

チームの雑用は、タテ・ヨコ、ふだんつながりが薄い人にも自分のことを知ってもらえるよい機会だ。いわば自分の「広報活動の一環」と積極的なとらえかたをしたい。

さらに、タテ・ヨコ、チーム全体に対する自分の目配りも生まれ、メディア力もあがるなど、得るものは大きい。

自分は自分の良き広報担当であれ

最後の三つ目、仕事をしていると、同僚や他部署の人から、自分の担当の仕事について、質問を受けることや、協力を求められることが出てくる。

私は、当時、小論文の編集者をしており、小論文について詳しい人は社内に数名だったため、小論文についてわからないことがあると、社内中の人が、私に質問をしたり、協力を求めにきたりした。たとえば、他部署の営業の人が、「営業に行った高校で、先生に、小論文入試情報をきかれたのだが、どう答えればいいか」とか、人事部の人が、「入社試験に小論文を取り入れたいのだが、問題作りに知恵を貸してほしい」とか。

これも、忙しい日々の業務に手一杯だと、いちいち親切に対応していられないという気持ちも起きる。「そんなの自分で調べろよ」「私は検索マシーンじゃない」と。

しかし、これもやはり、社内認知をあげていくためのよい機会ととらえると、意味あいが違ってくる。

そもそも、自分に対する評価が実力以下だと思う場合、なにもアクションを起こしていない人に向かって、いきなり、「私は、こうみえても、こんな知識も持っているんです。こんな能力もあるんです」とアピールすれば、不評を買うか、変に思われるだけだ。

しかし、質問や協力を求められた場合は、話が別だ。自分の仕事領域やスキルについてプレゼンテーションする機会が、向こうからやってきたととらえてみる。

人に話すことで、自分の仕事を外側から見つめ、整理して、人に伝える、よいトレーニングにもなる。

他部署からの質問や、協力にも、ふだんの実力のベストでかかわり、相手の問題解決をサポートすることで、自分の担当の仕事への社内認知や理解も得られるし、結果的に、自分の資質や能力も相手に知ってもらうことができる。

それが、他部署のめったに顔を合わすことのない相手であっても、会社はネットワークでつながっている。思わぬところで、あなたの丁寧な応対が、あなたのよい評判をうみ、あなたの等身大のメディア力形成に一役かっていることだってあるのだ。

伝えなければ、伝わらない。実は、伝える機会は、日常的にやってきている。しかし多くは、これがまさか、自己アピールの好機であろうとは思いもよらず、見逃している。

人事や、評価などの、ここいちばんのとき「伝わる」人は、みな「どんな手をつかったのか」と勘ぐりがちだが、常に常に常に、小さく伝え続けている人なのだ。

小さいハードルを跳び続けている人だけが、ここいちばんの大きなハードルを跳んで、伝えることができるのだ。

人と関わるところ＝あなたのメディア力が形成されるところだ。

今日も、ちいさく、かわいく、でもきっちりと、あなたらしさを伝えていこう！

5　苦情に対応する

三つのポイントで苦情をのりこえる

お客さんのちょっとした苦情に対応するとき、何に気をつけたらいいんだろう？

ポイントは三つある。

さっそくこんな、悪い例からみてほしい。この対応、どこがいけないのだろうか？

客　「あのー、キャンペーンのプレゼントなんですけど……」

新人　「もうしわけございません。本日、予定数の二〇〇個、すべて終了させていただいております」

客　「あのー、インターネットに入力してきのう応募券が送られてきて……」

新人　「あれは、プレゼントを確約する券ではございません。応募する権利ができるだけで、限定二〇〇個、なくなった場合はご了承くださいと、応募券にも書かせていただいております」

客　「そんなことは、わかってます。読めばわかりますよ、それぐらい。でも、まぎらわしかったですよー。ネットで、入力項目もびっしりあって、すごくめんどうくさくて……」

新人「そう言われましても、本日、予定数二〇〇個はすべて終了させていただきましたので」

客　「いや、そうじゃなくて、ネットで入力項目もびっしりあって、すごくめんどうくさくて、やっと入力したと思ったら、あとから限定二〇〇個って知らされたんで、あわてて、私、岡山から、朝の新幹線で三時間かけて出てきて、並んだんですよ、それで……」

新人「限定二〇〇個、すべて終了となっておりますので」

客　「いや、そうじゃなくて、限定二〇〇個っていうのは、応募券がきてからわかるんじゃなくて、先に書いておいてほしかったなあ、と……」

新人「システムの都合上そうなっております」

客　「岡山から、きたのに、努力がまるまる……」

新人「とにかく限定二〇〇個、すべて終了させていただいておりますので、ご了解いただけますでしょうか」

怖がらずに人と向き合う

こういう対応を見ていて、いちばんに思うのは、「恐いんだな」ということだ。

「自分の応対になにかまずいことがあったらどうしよう」

「お客さんからなにか聞かれて知らないことがあったらどうしよう」

「お客さんがものすごく怒って収集がつかなくなったらどうしよう」

経験のなさ、自信のなさからくる「恐れ」。

そのため、コミュニケーションの能力が固く「閉じて」しまっている。

ベテランになってくると、経験からある程度、お客さんの反応も予測できるし、自分の対応にも自信が出てくるので、オープン・マインド、つまり「開いた心」でお客さんと「やりとり」ができる。

先ほどの新人さんの対応は、「やりとり」になっていない。この新人さんには、お客さんからの言葉は、ほとんど入ってきていない。

「あなたは私の領域に入ってこないでよね。私もあなたに思っていることは見せないから」とばかり、相手の話を取り込むこともできず、自分の思いや考えを出すこともできず、ただ壁をつくるように、「限定数終了」と状況説明をくりかえすのみ、機械と話しているような印象だ。

情報の読み書き＝リテラシーは、心の状態によって、伸び縮みする。心が恐れに固く縮まっていれば、外界の情報の読み書きも、ぐっと鈍くなる。

ポイントの一つ目は、どうにかしてこの「恐れ」を払拭することだ。

お客さん自身だって恐いのだ。見ず知らずの職員に話しかけることや、そこで、いやな対応をされることにどこかしら不安をもっている。「恐がっている犬ほどよく吠える」というが、うるさいお客さんほど、実は何かを恐れているのかもしれない。

コミュニケーションには勇気が要る。

根拠のない自信や勇気でもいい、「恐がらずに」お客さんに向かう工夫をしてほしい。

頻繁に口を挟まない

ポイントの二つ目は「理解のブレス」だ。

「理解のブレス」というのは、造語なのだけれど、水泳で息つぎをするタイミングが重要なように、人の話をきくとき、どんなタイミングで口を挟むか。一定量まとめて、だまって相手の話を聞く人と、頻繁に口を挟む人がいる。「理解のブレス」が短い人は、ワンフレーズコミュニケーションになりやすく、「理解のブレス」が長い人は、論理性や、脈絡を持った会話ができる。

頻繁に口を挟む人は、こんなトラブルが起きる。

客「私、たけの長いスカートはあんまりはかないんだけど……」
新人「そうですよね！　いまどき、やぼったいですよね！　長いスカートなんて」
客「でも最近、はきだしたら、長いのもいいのよ」
新人「……ですよね。長いのもいいですよね。とってもね！」
客「……。（調子のいいことばかり言って、結局、どっちなのよ?）」

最後まで話を聞かないと、とくに、相手が、逆接の接続詞、「しかし」などで話しているとき、話の腰を折ってしまう。相手の話は、口を挟まず、一定量、まとめて、一気に、ぶっとおしで、聞く。目を見て聞く、うなずく、などしていれば、相手も不安にならない。

つまり、「理解のブレス」を長くする。

こうすると、相手の言わんとすることが、「文脈」をともなって理解できる。言葉は、どのような背景・流れの中で語られているかが重要だ。表面的な言葉に反応しては、かえって問題をややこしくしてしまう。

最初にあげた新人さんのクレーム対応でも、新人さんは、そうそうに口をはさんで「プレゼントは終わった」と言っているが、お客さんがいいたいのは、どうもそこではないことが、あとのほうでわかってくる。

お客さんはプレゼントがほしいわけでもない。ではどうしてほしいのだろうか。告知を改善してほしいのか、それとも遠くからわざわざ来たことをだれかに聞いてもらいたかったのか。

それがこの新人さんにはわかっていない。わからないまま、見切り発車で対応している。

相手に一定量まとめて話してもらう効果は、もうひとつある。

相手の気が晴れることだ。

お客さんだって、頭の中を整理しつくして話しているわけではない。自分が結局どうしてほしいのか、自分でもわかっていない人だっている。一定量まとめて話しているうちに、気持ちが整理されてくるし、ほんとうに言いたいことがはっきりしてくる。

さらに、言いたいことが言えたこと、聞いてもらえたことで、相手の気持ちがずいぶん晴れる。

まず理解を伝える

一定量はきだしてもらって、文脈や背景を含んだ、まとまりとして相手の話を聞き取ったら、「要するに、相手がほんとうに伝えたかったことはなにか」、そこをしっかりつかむ。

ポイントの三つ目は、そこに、理解を注ぐことだ。

お客さんの話を、文脈を持って、聞き取れたとしたら、まず、一発目に、こう返してはどうだろう？

新人「お客さま、きょうは、はるばる岡山から新幹線で三時間かけてのご来場、ほんとうにありがとうございます。インターネットに入力していただいたり、朝から並んでいただいたり、ずいぶんお手間をおかけしましたのにプレゼントを差し上げられなくて、心が痛みます。ほんとに、残念ですねぇ……」

こう言ったあとで、相手が求めていることに対して回答していくと、やりとりは、ずっとスムーズになるのではないだろうか。

お客さんの多くは、正しい処理を求めているのでなく、ましてや会社の決まりがどうなっているかの説明を受けたいわけでもない。

「自分がわかってほしいことを、わかってほしい文脈でもって、わかってほしい」と、まず思っている。

このお客さんも、なぜわざわざ「新幹線で三時間」の話などするのか、正しい処理には必要なくても、やはり、このお客さんの発言の根本に、「岡山からはるばる三時間かけてきたのにプレゼントがもらえなかった残念な気持ち」が強くあるように思う。

お客さんの最終的な要求がどうであろうと、そのような背景から語られている言葉であることをおさえておかないと、表面的なやりとりに終始する。

小さな理解・共感を注ぐ。

それによって、ちょっとだけ気持ちが通じる。すると「自分のメディア力＝信頼性」があがり、言葉が届きやすくなる。苦情への対応は、そこを突破口にしたい。

経験もない、現場での権限や裁量もまだない人には、劇的なクレーム対応は無理かもしれない。でも、「人の話をわかる力」があれば、心ある対応をしていける！

苦情がきたら、恐れずにひらいた心で、相手の話を通して聞いて、小さな理解・共感を注ぐ。

お客さんとまず、小さく通じ合う道を探してほしい。

6 現場でリーダーシップを発揮する

チームを動かす伝え方

「みんながついてこない」。そんな悩みを感じている人はいないだろうか?

会社では、たとえ新人だって、現場のプチリーダーとして、チームをひきいていかねばならないときがある。たとえば、外部のスタッフさんたちを集めて、指示を出したり、説明をしたり、お客さんを集めて説明会をひらいたり、社内の何か実行委員にされてしまい、職場のみんなに働きかけなければならなくなったり……。

そんなとき、

「若僧だとなめられてしまい、いっこうにみんなが言うことを聞いてくれない」

「上の人が指示を出せば、手のひらを返すように言うことを聞くのに、自分にはぜんぜんみんながついてこない」と落ち込んでいる人はいないだろうか。

いっこうにみんなが言うことを聞かない。

自分は下っぱだからと、がまんにがまんを重ねていたが、とうとう耐え切れずに怒ってしまい、それでチームはよくならないどころか、かえってみんな気まずくなってしまい……ついには、みんなから、

「コワイ新人」

「去年の担当者のほうがよかった」

なんて言われてしまう……、そんな最悪の事態は避けたいものだ。

ほんの二、三人のチームから、十数人、数十人、一〇〇人以上と、チームの人数はさまざまだけど、集団をまとめたり、動かしたりしていく上で何に気をつけたらいいんだろう?

諸先輩のような強烈なリーダーシップは、新人に無理なのは当然。でも、たとえ新人だったとしても、新人なりの人を動かす方法がある。

遅刻するメンバーをどうするか?

たとえば、あなたが二〇～三〇人のメンバーをまとめていかなければならなくなったとして、ミーティングに、つねに何人か遅刻してくる。みんな他の会議には遅れてこないので、あきらかに自分が新人だからなめているようだ。

遅刻してくるのは自分より先輩だから注意しにくいし、何も言わないでいたら、どんどん遅刻の幅が大きくなっていき、五分も一〇分もミーティングの開始が遅れるようになる。時間通りに集まっている人のほうが圧倒的に多いのだから、五分、一〇分とみんなを待たせることにも抵抗がある。

こんなとき、あなたならどうするだろう?

1. チームの雰囲気をまずくすることを恐れて何も言わない。
2. 「みなさん遅刻が多いですよ、時間を守りましょう」とミーティングで全体に向けて注意する。
3. 遅れた人だけ、あとで個別に注意する。
4. その他の方法で働きかける(どんな方法かも考えてみてください)。

私自身、1～4まで全部やってみて、失敗も含めて学んだことがある。

私は、企業に勤めていた間は、編集長としてチームを率いていかねばならなかった。

独立してフリーランスになってからは、全国各地で開催される表現力のワークショップ、企業に赴いてのライティングやコミュニケーションの研修、大学の講義などで、常に集団に向けて働きかけなければならない。

それも、通常で二〇〇～三〇〇人、多いときで一〇〇〇人規模の、その日初めて会う集団と、一から信頼関係をつくらなければならない。

たった一人で大人数を動かしていくときに何を心がけたらいいのか？

生まれて初めて一〇〇〇人の前に立ったときの緊張をいまも思い出す。

集団が大きくなればなるほど、いい回路にまわったときは、全体の心がひとつになり、えもいわれぬ通じ合う歓びが生まれるし、ほんの一部でも、不協和音が起きると、それがやはり全体に波及していく。

収拾がつかなくなったことは一度もないけれど、この一〇〇〇人の集団が、意に沿わぬ方向に向かい出したら、たった一人では、もう、どうにもできないだろうなあ、というリアルな恐怖を感じたことは何度かある。

初めのころは、私も新米だし、あきらかになめられていたふしもある。

研修やワークショップで、参加者の人たちに、「五人チームになってください」とか「しずかにしてください」「円になってください」など、次々指示を出しても、その日はじめて会う何百人の集団は、最初は、そんなに協力的に動いてくれるわけではなかった。

とくに、高校生などは、はずかしがって動きたがらない。「チームになってくださ い」といっても、自分から声をかけたり、動いたりすることができず、じっと息をひそめて、まわりの様子をうかがっている。

そこで、進行が滞り、会の進行が、五分、一〇分と遅れていくことも、新米のときにはあった。

すぐに打つ手は打て

そのときの失敗経験から言えることは、さきほどの、メンバーが遅刻した場合の選択肢の1〜4で、まず1の、「集団の雰囲気をまずくすることを恐れて何も言わない」では、状況はちっともよくならない。一部であったはずの遅刻が、やがて全体に悪影響を及ぼしていくことも考えられる。

さらに、メンバーのよくない行動を見ていても何も行動をおこさずにいると、「この人は何も言わないな」と、メンバーがなめてかかるようになり、信頼関係は築きにくくなる。

まとめる人間が、なんらかの手を入れないと集団はいい回路には向かわない。

全体がばらばらになってからでは収拾がつかない。

早いほうが、不協和音を奏でる人数が少ない分、集団は御しやすく、手は打ちやすい。

だから、選択肢の1「チームの雰囲気をまずくすることを恐れて何も言わない」は勧められない。

誠意を示したメンバーを無視しない

では、選択肢の2「〝みなさん遅刻が多いですよ、時間を守りましょう〟とミーティングで全体に向けて注意する」はどうだろう?

一見、まともな方法に思える。たしかにチーム内に信頼関係ができていればこのやり方で問題はないのだ。でも、自分がまだチームの信頼を得ていない。チームになってから日が浅く、一から関係をつくっていかなければならないときに（つまりメディア力がないときに）、この方法には大きな「落とし穴」がある。

しまう。

「みなさん遅刻が多いですよ、時間を守りましょう」と言われたときに、集団のだれ一人、少なくとも気分がよくはならない。悪くすれば、全員のテンションが下がってしまう。

なぜか、と言えば、時間どおりに集まっている人のほうが圧倒的に多いからだ。たとえば二〇人のうち四人も遅刻してきたとしたら、それも大幅な遅刻となったら、進行役は、気になってしょうがないだろう。

けれど引いた目でみれば、圧倒的多数の一六人の人は、ちゃんと時間通りに集まってくれているのだ。少なくとも一六人は、時間においては、自分をなめることなく、ちゃんとついてきてくれたのだ。

「みなさん遅刻が多いですよ、時間を守りましょう」とは、この一六人の誠意を無にし、がっかりさせてしまう言葉なのだ。

「なんだ、自分はちゃんと時間どおりに来ているのに、いきなり、お小言か」と、自分が時間を守ったという、小さな誠意が、認められなかったし、いい結果につながらなかった、と徒労感がある。

「あいつらが遅れてくるから悪いんだ」と遅刻者たちに、マイナスの感情を持って、チーム内が対立したり、「こんな人が束ねているから収集がつかないんだ」とまとめ役に反感を持ったりすることも考えられる。

もちろん遅刻者たち当人は、注意をされていい気分にはならない。

選択肢2は、集団の気分を、少なくとも上げはしない、どちらかというと、沈ませてしまう結果になる。

ファーストコンタクトはプラスから

では、選択肢の3「遅れた人だけ、あとで個別に注意する」はどうだろう?

これも、信頼関係ができていない、チームになってから日が浅い、という場合、マイナスに作用する場合がある。メンバーによっては、個別にコミュニケーションをとる最初のひと言が「お小言」ということになる。

「いつもは全体とのコミュニケーションで個別に話したことがない」という相手の場合、ファーストコンタクトは、互いの印象を左右するもの、大事にしたい。

「まとめ役が、はじめて自分を呼び止めたと思ったら、なんだ。遅刻の注意か。でも、私は、今日たまたま部長に呼ばれて遅刻しただけで、それまでは時間どおりに来ていたのに、ちゃんと時間を守る人間なのに、ほかにも、いろいろ協力してやってるのに、わかってくれない」と注意されたメンバーがしゅんとすることも考えられる。

2の方法も、3の方法も、実は、圧倒的多数の「時間を守ったほう」にはまったく反応しなくて、少数の、「時間を守らなかったほう」にだけ反応している。

反応した部分が増える

人は悪いほうにばかり気を取られてしまう。

例えば、ブログやツイッターに意見を書いている人は、マイナスの反響がきたときなどに、その意見ばかりが気になってしまうということはないだろうか?

冷静に考えれば、「ただだまって読んでくれている人」のほうが圧倒的に多く、場合によっては、あたたかな共感も複数寄せられているというときに、でも、たった一つの悪い意見ばかりが気になって仕方がない。

そんなとき、がまんできず、そのたった一つの悪い意見に反論し、反撃してしまったら?

相手と泥沼のやりとりになってしまい、それを見ていたいつもは黙って読んでくれる静かな読者や、自分に共感を寄せてくれる読者にさえも、自分の醜い面を見せてしまうことになり、ついには、マイナスの反響を増やしてしまう結果になった、なんてことはないだろうか。

「反応したところが増える」

これが、コミュニケーションにおける私の経験則だ。プラスの意見を無視して、マイナスの意見にだけ言い返したとすると、その部分に、自分の意識も集中するし、相手の意識も集中するし、まわりの注目も集まる。反応した部分が、どんどん増えて大きくなっていく。

私が、新米のころ、ワークショップである高校を訪れたとき、「五人チームになりましょう」とか「円になって座りましょう」といっても、高校生たちは、恥ずかしがってなかなか自分から動こうとしなかった。

そのときに、そこの高校の先生が、とうとう見かねて、生徒を叱ってしまったのだ。「なにをもたもたしているんだ！　さっさと動け！　恥ずかしいぞ！」と。

とたんにその場の空気が、凍りついた。生徒たちは、ますます硬くなり、緊張して動けなくなっていった。当時のことをいまでも反省とともに思い出す。

「反応したところが増える」

先生の反応を受けて、「動けない自分」「ダメな自分」が生徒の中でよりクローズアップされてしまって、そっちに神経が集中してしまい、よけい動けなくなってしまったのだ。

それ以降、私は現場で、あるやり方に気がついた。

そのやり方をしはじめてから、いまでは、全国どこへ行っても、それが、恥ずかしがり屋の高校生であっても、ワークショップに慣れていない大人であっても、何百人の大人数でも、協力的に動いてくれるようになった。

良い動きに積極的に反応する

その方法とは、「反応したところが増える」を逆手にとった方法だ。つまり、「増やしたい部分に反応する」。どこへ行っても、協力的に動こうとしてくれている人、または、その気配がある人はいるものだ。

高校生も、恥ずかしがり屋だとはいっても、必ず一人、二人は、自分から動こうとしている人がいる。その人を、いちはやく集団の中で見つけ、認め、励ますのだ。

「あっ、そこの後ろの男子の人たち、積極的に動いてくれてますねー！　いいですねー！」

「あっ、前の女子の人たちは、もう椅子を移動して円になって座っていますね。動きがかろやかですね」

「みんな協力的に動いてくれて、進行上とっても助かります。ありがとう！」

そういうと、自ら動いていた生徒は、認められ、まわりの意識もあつまるので、ますます積極的に動こうとして、それがまわりの生徒たちを牽引する。

まだ動き出せていなかった生徒たち、自分からは動くまいと決め込んでいた生徒たちも、私の反応を受けて、ふと、そちらに意識を向けると、同い年の生徒が、積極的に動いているのが目に入る。

「自分も動かなきゃ」

「自分もできるんだ」

と思い、つられて、ついつい動き出す。

いい動きをしている、ほんの少数の生徒に反応することで、そこにみんなの意識が集中し、注目が集まり、各人のいい面に意識を向け、引き出し、どんどんどんどん、いい動きをする生徒が増えていってやがて集団全体にひろがる。

遅刻の選択肢で言えば、私なら、４の「違う方法で働きかける」。

私なら、全体の場で、時間通りに集まってくれている人にリアクションをすると思う。

「まとめ役の私が新人であるにもかかわらず、非常に多くの先輩が、毎回時間をきちんと守って集まってくださっていること、大変助かっております。とくに本日は棚卸しの時期で、仕事を抜けてくるのも大変だったと思いますが、時間厳守できてくださってありがとうございます」

このように言うと、いつも時間をきっちり守ってきている人は、認められたので悪い気はしない。これからも時間を守っていこうと励まされる。

遅刻し続けている人は、「まとめ役が新人だから、少々遅れても、まあいっか、と思ってきたけど、みんな意外にちゃんと協力してるんだな」「みんなを待たせてわるかったかな」「遅れていたのは俺だけ?」と時間厳守で来ている人に、神経を使い始める。

「反応したところが増える」のだ。

良い点を認め、励まし、増やしていく

たとえば、自分の仕事に対して、上司からのフィードバックのメールが返ってくる。

九割は、ほめてくれているし、自分への理解が書かれている。

でもたった一割、悪い指摘が書かれていて、そこにどうも、誤解があるようで、釈然としない、というとき、

「部長、お言葉を返すようですが、この、ご指摘の点は自分なりにこう思います……」

と、いきなり反論からはじめるのは考えものだ。

ほめたり、理解してくれている部分のほうが圧倒的に多いのに、対立部分にだけ反応すれば、そこが際立って、お互いに見解が対立しているという意識が増えていく。

それよりも、

「部長、自分の仕事をこのように温かく見てくださって、大変励まされました。とくに、この部分と、この部分で、部長が私の仕事を認めてくださったのが嬉しく、なかなかそこまで深く見てくださって、理解してくれる方はいないので、やる気がこみ上げてきます」

というふうに反応すれば、上司のほうも、「認められた部分を増やそう」、つまり、「これからも、部下の仕事に対しては、的確で深い理解の言葉をかけていこう！」と意識を向ける。

同様に、集団を動かして、いい回路にのせていきたいなら、「いい動き」をしているところをいち早くみつけ、そこに反応する。

例えば、提案を募集しても、たった二人しか出してこない、というようなとき、「提出日になっても、ほとんどの人が提案を出していません。みなさん、忙しいのはわかりますが、約束は守っていただかないと困ります……」とせずに、「忙しい中、提案を出してくださったかた、ありがとうございます！　いい提案が来ました！　二例、紹介しますね……」

というふうに集団に働きかけ、良い動きをしているところを、認め、励まし、増やしていく。

もちろん、こうした技術だけでまわすのでなく、前提として、やるべきことをやり、その方針や内容が良い、日ごろから信頼関係を築いていく努力をしているという土台はちゃんとしなければならないが、その上で、こうした技術を用いれば、集団に良いうねりが広がっていくはずだ。


「集団を動かしたいなら、増やしたいところに反応しなさい」

そして、みずから先陣を切って、増やしたいとまわりに思われるような行動をしかけ、種まきをしていけば、さらに効果的なのはまちがいない。

たとえ新人でも、新人なりの集団を動かす術《すべ》がある。

その想いは、きっと届く！

7　上司もうなる・やる気がでる！　目標の立て方

上司は節目で目標をきく

仕事の目標って、どう立てればいいのだろう？

会社では、目標設定が求められる。

とくに新卒のなかには面食らう人も多いだろう。「就活で、きみの目標は？　やりたいことは？　とさんざん聞かれ、どうにかこうにか捻出して、やっと会社に入ったのに、もう次の目標か！」と。

来年度の目標のように年一回ならまだいい。半期、四半期、中長期、やれボーナスの査定だ、やれ部長面接だ、と言っては、そのたびに上司はきく。

「きみの目標は？」と。

なにしろ分業してチームで動くのだ。節目節目で目標をすりあわせていかないと組織はバラバラになる。企画一つ立てるにも、現場で指示一つ出すにも、目標をおさえておかないと努力は空回り。

ならば、節目ごとに目標を書かされたり言わされたりする機会を逆手にとって、やる気アップの機会にしてしまうのはどうだろう。

自立へのパスポートとして、最後に、「目標の立て方」を伝授したい。

上司も納得、自分のやる気もアップする立て方だ。

シンプルだけどそれだけに、来年度の目標設定にも、中長期にも、日々の仕事にも、一生使える方法だ。

ノルマ＝目標ではない

「きみの目標は？」ときかれて、「営業新規二〇件獲得」と、会社から命令されたノルマ、そのまんまを言う人がいる。

従順な感じはするが、意志が感じられない目標設定だ。

上の言いなり、風見鶏。ノルマにがんじがらめになって融通が利かない、ノルマ以上はやってくれない、自ら考えて働きかけていけないなど、とかく自立してない印象をもたれがちだ。

ノルマ＝目標ではない。

会社から下される命令は、個々の仕事にあてはめたとき、まだまだ粗い方向性のみだ。上司だって現場のことをいちいち把握しているわけではない。「会社から下す命令と調和はとれていてほしいが、社員オリジナルの能力や経験を生かし、現場に即した目標を持って仕事に臨んでほしい」と上は考えている。

だから、上の人は、節目節目でたずねるのだ。


「きみのやりたいことは？」と。


「来年はフルマラソンを完走したい」

「少なくとも三〇歳になるまでには結婚して家庭を持ちたい」

なんて、プライベートな目標をあげてはいけない。コントのようだけど、本当にいるのだ、プライベートの目標をあげてしまう人が。また、

「三五歳までには独立したい」

「会社に万が一のことがあっても生き残っていけるよう資格をとりたい」

など、会社と関係ない個人のキャリアアップを語る人までいる。

組織で求められる目標は、あくまで組織に貢献できる目標であること、これが第一条件だ。

目標＝自分の充実ではない

自分の上達目標ならあげられる人も多いと思う。

「コミュニケーション力をあげたい」

「経済の知識を身につけたい」

それはいいことだし、会社によっては目標設定フォーマットにこのような自分のスキルアップの記入欄がある。だが、個人の上達目標、それのみだと、

「きみがそれをすることで会社にどんないいことがあるの？」

「それは会社とどうつながるの？」

というのが上の気になるところだ。間接的にいいのはまちがいないが、個人の能力充実は、即、会社とつながらない。

こう見てくると、意外に難しいのが、目標を立てるときの「自分の立ち位置」だ。

会社の目標はつながりで書け

ノルマの数字＝自分の目標になってしまったら、自分の働きがいはどうだろう？「その数字と自分のやりがいとはどうつながるの？」「いままで生きてきた他ならぬ自分が、その数字を達成する意味は？」「この仕事は自分でなくても他の人でもできる」「やりがいが感じられない」となっていき、とうとう「自分と仕事がつながらない」「自分と会社がつながらない」なんてことにもなりかねない。

だからといって自己実現に走り、自分の面白さややりがいばかり追求した目標も困りものだ。自分ひとりがいい、あるいは自分のチームだけがいいと思った目標も、会社全体で見たときによい成果を生まない、むしろ全体から見たときに会社と不協和音が生じる目標になってしまうことだってある。

このように見てくると、肝心なのは「つながり」だとわかる。

会社と自分をどうつなげるか？

会社から下される方針と、いままで生き働いてきた自分ががっちりつながるところで目標を打ち出せば、自己を最大限に生かして会社に貢献できるし、やりがいも見い出せる。会社もノルマ以上の期待が持てるわけだ。

目標設定の4つの視点

目標を立てるときに、次の4つの視点で考えるといい。

1. **仕事理解**（会社方針と自分の担当の仕事の理解）
2. **社会理解**（業界をめぐる社会背景や顧客の理解）
3. **自己理解**（自分の能力・経験・資質の理解）
　←1と2と3のつながりをよーく考え、
4. **目標設定**（将来の展望）

詳しくは後で説明するが、書き込む枠を4つつくって、4つの視点をそれぞれ二〇〇字に要約し、二〇〇字×四＝八〇〇字で要約できるまで考えを固めておくといい。

なぜ、要約するかというと、それくらいの短い字数で言えないことは、自分でもよくわかっていない、ということだからだ。要約で、その甘さを払拭できる。

肝心なのは、何よりも1と2と3と4の「つながり」だ。

つまり、「自分」と「仕事」と「社会」をつなげて「目標」設定できるか？

会社によって、目標設定のフォーマットがちがっていても大丈夫。この4つの視点でつくったメモを、下準備として一つもっていれば、さまざまなフォーマットに応用できるし、首尾一貫した文章が書ける。

4つの視点をそれぞれ説明していこう。

まず会社方針と自分の持ち場を理解せよ

「1．**仕事理解**」は、「会社方針」と「自分の担当する仕事」への理解だ。この二つの要素をあわせて、最終的には二〇〇字に要約する。

まず会社方針の理解。

例えば来年度の目標を立てるときに、自分の乗っている船の来年の行先を知ることは必須だ。会社の来年度の事業方針、事業計画書を手に入れて、最低でも二回は読もう。一回は一気に全体を通して読み、あまり細かいところに突っ込まず、上の言わんとすることをおさえる。二度目は、考えながら、線を引いたり、わからない点を調べながら、丁寧に読もう。あわせて、社長や上司のスピーチやメールなどの発信も理解しておきたい。

そのうえで、会社としての来年度の目標を、「要するに…」とまず二〇〇字程度に要約してみる。

会社の目標をいきなり短く要約するのが難しいと感じたら。面倒でもまず、会社の過去→現在→未来をざっくりとまとめてからやるとよい。「自分の会社はどのような歴史をたどって、現在どのような成果をあげ、また、課題を抱えているのか、五年後十年後の将来どこに向かっているか？」会社の主旋律をざっくりおさえられたら、そこから、「会社は来年度なにを目指すか」を自分の言葉でまとめよう。

そして、仕事理解の二つめに欠かせないのが、「自分の担当の仕事の解釈」だ。いまさら言わなくても決まっているだろう、営業だよ、経理だよ、と言う人がいる。でも、仕事の解釈は人によって驚くほど違う。

たとえば「編集者」。私自身、会社で一六年近くやったが、同じ編集者と言っても人によって仕事理解はずいぶん違う。次々ベストセラーを生む「ヒットメーカー」のような編集者もいれば、五〇年後も残るような「作家を発掘」して育てる編集者もいた。また、「プロデューサー志向」の編集者、企画中心にやり、本づくりの細かい作業はごそっと外注する人もいれば、レイアウトや校正など手堅くやりぬく「実務志向」の編集者もいた。どれが良い悪いということではないし、正解もない。でも仕事理解によって、驚くほどに、成果もやりがいも、当然、「目標」も違ってくる。

あなたは自分の仕事をどう解釈しているだろうか？

現時点で、あなたなりの仕事の解釈を言葉にしておきたい。また会社と共有し、ブレをなくしておきたい。まず二〇〇字で。そのときに、

「だれに、どう働きかけることによって、どんな貢献をするのか？」


は、必ずおさえたい。

あなたが仕事を通してかかわる「他者」はだれだろう？

例えば、同じ「保育士」でも、「園児」だという人もいる。いや、「園児とその親」までだという人もいる。

「編集者」にとって他者とは、「読者」だと自明のようにも思われるがそうでもない。大手出版社から外注されて編集作業を担う編集プロダクションの場合、他者は「読者」か、「クライアントである出版社」か、あるいは両方か？ 正解はないものの、「だれに」の定義のとり方で、目標もちがってくる。

まず、「他者」を明確にしよう。

次に、注意したいのが、「だれに→どんな貢献をする」と一足飛びに飛んでしまわ

ないことだ。必ずこの間に、「どのように働きかけることによって」のところを自分なりに考察して書こう。就活のエントリーシートでは、「お客さまを↓笑顔にする」と書く人が続出するのだが、これが紋切り型の印象を受けるのは、まさに、「だれに↓どんな貢献をする」であり、「考察」がないからだ。「人はどんなときに笑顔になるのか？」と考えて、「どのように働きかけることによって」を挟むことで、ぐっと説得力は増す。

「会社方針」と「自分の担当の仕事」、二つの理解を最終的には、二〇〇字で要約しよう。

「当社は来年度〇〇を目指します。その中で私の担当の仕事〇〇（例：営業）は、だれに、どう働きかけることによって、どんな貢献をする仕事と理解します」

さて、これで船が来年度「目指す港」と、「自分の持ち場」がわかった。

だがそこから一気に「自分の目標」を打ち出そうとすると、自分と仕事がつながらないという人も出てくる。たとえば、「大学までずっと国際関係、主に民族問題を専門としてきた人」が、「広告代理店に新卒」で入社したような場合だ。いままでずっと民族問題をやってきた自分と、広告の仕事は、すぐにはつながらない。つながらないから、「就職先をまちがったのか、いまからでも国際関係の仕事に転職するべきか」と不安になる。

こんな時は、視野を外へ！　広い社会と人々へ目を向けてみる。

業界をめぐる社会背景を短く語れ

「2．**社会理解**」とは、業界をめぐる社会背景の理解だ。

自動車の販売をしている人なら自動車業界で、洋服の通販をしている人ならアパレル業界で、学校の先生なら教育業界で、というふうに広く考える。業界をめぐるいまの日本の社会背景はどうか。ひいては世界はどんな状況か。

これを二〇〇字の自分の言葉で要約する。

「そんなに短く要約するのはとてもムリだ。自分は教育業界だが、少子高齢化社会で生徒が減るという大きな社会傾向から、生徒の家庭環境、核家族や離婚家庭、虐待など多様な状況がある」という人は、中でも最も優先すべき状況、自分が最も重視する問題を取り上げるといい。

そもそも、「目標を立てること」自体が、優先順位をつけることなのだ。仕事は結局、あれもこれも全部大事なのだ。しかし、「何もかも全部がんばります」では目標にならないから、優先順位をつけ、最優先の一つを掲げる、それが目標設定だ。

同様に社会背景の切り取り方も、百人社員がいれば百様の切り口がある。「自分は業界をめぐるいまの社会をこう読んだ」、「顧客の現状を私はこう理解した」、を堂々と打ち出す。それがここでいう「社会理解」だ。

ポイントは、タテとヨコ。

業界をめぐる社会背景を、タテヨコでざっくり整理しておくとやりやすい。

まずはタテ、業界をめぐる日本社会の「過去→現在→未来」を細かいところにつっこまず、あえてざっくり、流れとしてつかもう。つまり「歴史→現状の成果と問題点→将来予測」という縦軸をおさえよう。

次にヨコ。同じ業界の海外のようすはどうかと押さえよう。「日本社会の特徴は？」と聞かれて、日本だけを見ていてもなかなか特徴はつかめない。でも、「欧米とくらべてどうか」「中国の業界事情と比較してどうか」と、比較対象があると浮き彫りになる。世界全体の傾向でもいいし、それが難しければ、1つの国でもいい、ヨコとの比較をしてみよう。

業界をめぐるタテヨコの地図の中で、自分がとくに興味・関心をもち、積極的に関わりたいポイントが見えてくる。それらを、やはり二〇〇字で要約して言えるまでまとめておこう。

この作業をやると、「あまりに社会のことを知らなさすぎて」とへこむ人がいる。でも、めげないで、たとえ不完全でもここは言葉にすることに意義がある。アウトプットして、欠けているものに気づいた瞬間から、ニュースや社内外の情報など、必要なものがどんどん入ってくるようになる。まずは恐れずに出すことだ。

先ほどの、「国際問題をやってきた自分と、広告の仕事がつながらない」の例で、実際の就活生で、社会に目を向けることでつながりを見い出した人がいた。いまの日本社会を見ていくと、広告などで、伝えたいことがうまく通じない現状がある。そこに、自分が大学でずっとやってきた民族問題との共通点を見つけたのだ。違う民族との間に、「ある情報が共有されていない」ために、誤解やすれ違い、ひいては紛争までが起こってしまう。では、どんな情報を予め共有しておけば、いざ伝えたいときに伝えたいことが伝わるか、どうすれば背景の異なる人々に伝わるかと考えたのだ。これは、国内でも、世代や地域差や背景の違いからくるギャップを超えて、広告を通じさせていくのに活かせる考えだ。この学生は、遠い将来の目標として、「国際広告をつくりたい」というのを掲げていた。

会社と自分がつながらなくて苦しむとき、ちょっと視野を外にひろげ、いまの社会や人々を見てみよう。

現実に起こっていること、人々の実態は、多様なのりしろを持っている。そこに必ず、自分にとって看過できないことで、かつ、会社の仕事に深くかかわることが見い出せるはずだ。そこに目標の種がある。

仕事に貢献できる自分を引き出せ

「3．**自己理解**」は、いままで生き働いてきた他のだれでもない自分に対する理解だ。やみくもな自己分析からはいるときりがない。仕事ありきで考えて、貢献できるどんな経験・能力・資質を自分は持っているだろうかと洗い出してみる。だからこそ、ここまでに、「会社が求めるものとは」、「自己の持ち場とは」、「仕事を受け取るお客さんや社会の現状とは」、を把握してきたのだ。

これもありあまる経験・能力がある人はある人なりに、新人で経験がない人はない人なりに二〇〇字でまとめるのはツライ。そこでもう言わなくてもわかるとおもうが、「自分の過去↓現在↓未来」の主旋律というタテ軸をざっくりまとめてからやるといい。

スタート地点は、「動機」だ。

「自分はそもそもどんな動機で入社したのか」「初出社のときはどんな想いで社会の門をくぐったのか」。新人だろうが、五年目だろうが、二〇年目だろうが、将来を展望するのに欠かせないのは、自分はどこからはじめたのか、ということだ。動機を文章にするときのコツは、

（事実）きっかけとなるどんな体験から、

↓

（考察）自分自身どう考えて、

↓

（意見）この仕事を目指したのか。

「事実↓考察↓意見」でまとめておくことだ。

事実から意見に一気に飛ぶと、「テレビドラマを見たのをきっかけに、弁護士になろうと思いました」というように短絡的になる。必ず「そのときどう考えて」の「考

察」をはさんでまとめておきたい。

「事実→考察→意見」で書くのは、自分の能力を書くときも同じだ。「私は三年間ずっとリーダーをやってきた→だから私にはリーダーシップがある」と事実から意見に一気に飛ぶと説得力がない。「私は三年間ずっとリーダーをやってきた→その間メンバーが育つ仕組みをつくることでチームワークが強まることに気づき、実践し、効果を上げることができた→だから私にはリーダーシップがある」というふうに。

動機というスタートラインが固まったら、次は過去。

「自分は、仕事を通じて、過去にどのような経験をしてきたか。どんな成果をあげてきたか。そこからどんな能力が身についたか」

そして現在。

「自分はだれに、どう働きかけることによって、どんな貢献をしているか（ここは仕事理解でまとめたとおり）」「チームの中でどのような役割を発揮しているか」「どのような成果をあげているか」「どんな能力・資質を持っているか」

そこから未来。

「五年後十年後、仕事を通して社会を一ミリでも良くしていけるとしたら、どんな社会にしていきたいと自分は考えるか」「五年後十年後、やりとげたい仕事はなにか」

「会社は自分が将来どうなっていくことを期待しているか」

以上のように動機から始まって五年後くらいまでをざっくりと流れで押さえよう。そこから、優先順位をつけ、来年の目標を立てる上で欠かせない自分の経験・能力への理解を二〇〇字にまとめてみよう。

小さくとも志ある目標を立てよ

以上、仕事理解、社会理解、自己理解の3つをよーく考え合わせて、来年度の目標なら、要するに「自分は来年度、仕事において何を目指すのか?」「**目標設定**」を二〇〇字でまとめよう。

「だれが?　どうなることを目指すのか?　そのためにどうするか?」

でまとめるといい。チェックポイントは、自分と仕事と社会のつながりだ。

「自己理解」はよくできていても、それと、会社の方針がつながらないとか、「社会背景」の認識は素晴らしいが、それと会社方針が乖離しているなど、バラバラな印象を受けるとき、目標にも説得力がない。自分と仕事と社会と目標が一貫しているとき、

〈目標設定の4つの視点〉

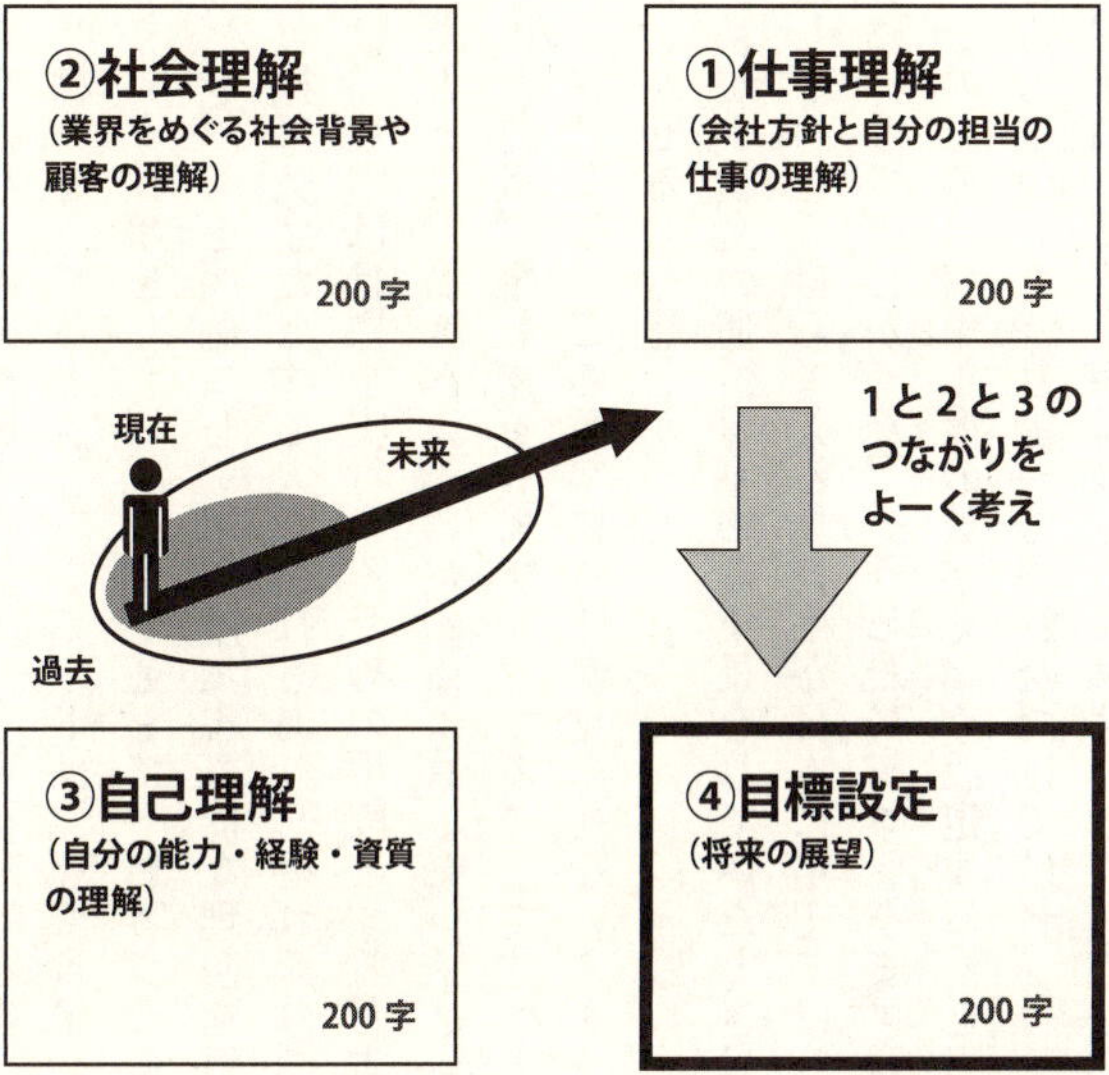

目標に説得力が出る。

「自己」を見るときのキーワードは「CAN＝できること」だ。マイナス面に重点を置くと、目標がどうしても自己充実に傾きやすい。プラス面、自分の経験・能力を前面に出すことで、仕事の成果につながる自己が引き出せる。

「会社と仕事」「業界をめぐる社会背景」を見るときのキーワードは「MUST＝やらねばならないこと」だ。会社員としてどうしてもやらねばならないこと、お客さんや社会から見て、ぜひやるべきこと。最低限ここから入れば、会社や顧客のニーズと不協和音を奏でることもない。

「目標」を立てるときのキーワードは「ＷＡＮＴ＝やりたいこと」だ。未来に向けてこういう仕事をしたい。仕事を通して、お客さんや社会にこうなってもらいたいというビジョンを明確にし、来年度実現可能な理想を言葉にしよう。

目標は数字だとする人や会社もあり、それぞれの定義に沿ってほしいのだが、私自身は、数字は目標を実行するための手段とすると書きやすかった。

たとえば、お客さんが通信講座を月々続けてくれる割合を継続率だとすると、「来年の目標は、継続率を５％アップすることです」と設定すると、数字のために働くイメージになり、この数字に意味が見出せないスタッフに説明するのも、自分のやる気をわかせるのも難しかった。

私が小論文の通信講座の編集長をしていたときは、高校生に考える面白さを知ってほしかった。自ら考える高校生が日本に増えてほしかったし、高校生に考える習慣を身につけてほしかった。そうしたビジョンをまず言葉にする。

そのために、来年度の数字をどう設定するかと考える。一人や二人の高校生が「考える力がついた」と言ってくれただけではビジョンを達成したことにはならない。なら、何割の高校生が言ってくれれば、その証として何割くらいの高校生が継続して受講してくれれば、と考えていくと、数字に志が出てくる。

自己理解・仕事理解・社会理解・目標設定を各二〇〇字でまとめたら、もちろんそれぞれに齟齬がでるのでそこを書き直し、最終的に八〇〇字の文章にしてみよう。

1. **仕事理解**　当社は来年度これを目指します。その中で、私の担当する仕事は、だれに、どう働きかけることで、どんな貢献をする仕事だと理解します。
↓
2. **社会理解**　現在、業界をめぐる社会背景や顧客の状況を私はこう理解します。
↓
3. **自己理解**　いままで働いてきた私は、このような経験・能力を持っています。
↓
4. **目標設定**　以上のことから、私は来年、仕事を通して、だれが、どうなることを目指します。そのためにこれをやります。

目標がはっきりしていて、それが、組織や社会とリンクしている人は、おのずと言動も一致してくる。「自分の信頼性＝メディア力」に、コツコツと貯金がたまっていき、やがて社内外の人々の信頼を得ていくはずだ。

上司へ、同僚へ、社外の協力者へ、信頼のネットワークができること。これこそが、社会人としての自由である。

信頼の絆ができたとき、あなたの発信も仕事も、グンと届きやすくなる。

そこからが、あなたの出番だ！

会社員の自由——文庫のためのあとがき

「自由はここにある」

　ふと、そう直感した。本書の文庫化にあたって大幅な加筆、再編集を終えた瞬間のことだ。

「会社員の自由はどこにある？」

　これは私が三十八歳、会社を辞めて独立するときの問いだ。当時、自分には、会社を辞める自由しか浮かばなかった。ところが本書で、

「会社を選んだ以上、分業を選んだのだ。分業を選んだ以上、他の持ち場とわかり合うために、コミュニケーションに骨身を砕くのは当たり前だ。なぜ、そうまでしてチームで仕事をするのか。それは、個人では一生かかってもできない規模で社会に働きかけるためだ。」

　という考えを読み返して、ここに会社員の自由はあると気づいた。

二百人の職場なら、タテにヨコにコミュニケーションが十全にできたとき、一人の小さな一生を超え、二百人規模の働きかけを社会に対して行うことができる。

まずは、直属の上司に、すぐ下の後輩に、すぐ隣りの工程を担う同僚に、自分の意志を通じさせ、相手の想いを汲み取り、通じ合える人が、結局は、自分の手足、脳を、十人分、二十人分…と拡大し、社会に大きなインパクトを与えていくことができる。

私はいまフリーランスだ。だが、会社員も、フリーランスも、自営業も、結局はみな分業だ。私たちは、社会という大きな大きな組織から、それぞれの持ち場を任されて働いている。

働く自由は、いま職場で、目の前の一人の人間と、通じ合うコミュニケーション力にある！　その人間を本気でわかろうとし、骨身を砕いて自分の意志を伝えようとする人間こそが、職場を自由に動き回り、組織を自由に動き回り、この社会を自由に動き回って働きかけることができる。

職場の星とはそういう人のことだと思う。

半年後のエースへ！

山田ズーニー

本書は二〇一〇年四月、小社より刊行された『新人諸君、半年黙って仕事せよ』を元に社会人向けに再構成し、大幅加筆し、改題しました。

新版 思考の整理学　外山滋比古

「東大・京大で1番読まれた本」で知られる〈知のバイブル〉の増補改訂版。２００９年の東京大学での講義を新収録し読みやすい活字になりました。

質問力　齋藤孝

コミュニケーション上達の秘訣は質問力にあり！これさえ磨けば、初対面の人からも深い話が引き出せる。話題の本の、待望の文庫化。（斎藤兆史）

整体入門　野口晴哉

日本の東洋医学を代表する著者による初心者向け野口整体のポイント。体の偏りを正す基本の「活元運動」から目的別の運動まで。（伊藤桂一）

命売ります　三島由紀夫

自殺に失敗し、「命売ります。お好きな目的にお使い下さい」という突飛な広告を出した男のもとに、現われたのは？（種村季弘）

こちらあみ子　今村夏子

あみ子の純粋な行動が周囲の人々を否応なく変えていく。第26回太宰治賞、第24回三島由紀夫賞受賞作。書き下ろし「チズさん」収録。（町田康／穂村弘）

ベルリンは晴れているか　深緑野分

終戦直後のベルリンで恩人の不審死を知ったアウグステは彼の甥に訃報を届けに陽気な泥棒と旅立つ。歴史ミステリの傑作が遂に文庫化！（酒寄進一）

向田邦子ベスト・エッセイ　向田邦子　向田和子編

いまも人々に読み継がれている向田邦子。その随筆の中から、家族、食、生き物、こだわりの品、旅、仕事、私……、といったテーマで選ぶ。（角田光代）

倚りかからず　茨木のり子

もはや／いかなる権威にも倚りかかりたくはない……話題の単行本に3篇の詩を加え、高瀬省三氏の絵を添えて贈る決定版詩集。（山根基世）

るきさん　高野文子

のんびりしていてマイペース、だけどどっかヘンテコな、るきさんの日常生活って？　独特な色使いが光るオールカラー。ポケットに一冊どうぞ。

劇画 ヒットラー　水木しげる

ドイツ民衆を熱狂させた独裁者アドルフ・ヒットラーとはどんな人間だったのか。ヒットラー誕生からその死まで、骨太な筆致で描く伝記漫画。

ねにもつタイプ　岸本佐知子
何となく気になることにこだわる、ねにもつ。思索、奇想、妄想はばたく脳内ワールドをリズミカルな名短文でつづる。第23回講談社エッセイ賞受賞。

TOKYO STYLE　都築響一
小さい部屋が、わが宇宙。ごちゃごちゃと、しかし快適に暮らす、僕らの本当のトウキョウ・スタイルはこんなものだ！　話題の写真集文庫化！

自分の仕事をつくる　西村佳哲
仕事をすることは会社に勤めること、ではない。仕事を「自分の仕事」にできた人たちに学ぶ、働き方のデザインの仕方とは。（稲本喜則）

世界がわかる宗教社会学入門　橋爪大三郎
宗教なんてうさんくさい!?　でも宗教は文化や価値観の骨格であり、それゆえ紛争のタネにもなる。世界宗教のエッセンスがわかる充実の入門書。

ハーメルンの笛吹き男　阿部謹也
「笛吹き男」伝説の裏に隠された謎はなにか？　十三世紀ヨーロッパの小さな村で起きた事件を手がかりに中世における「差別」を解明。（石牟礼道子）

増補 日本語が亡びるとき　水村美苗
明治以来豊かな近代文学を生み出してきた日本語が、いま、大きな岐路に立っている。我々にとって言語とは何なのか。第8回小林秀雄賞受賞作に大幅増補。

子は親を救うために「心の病」になる　高橋和巳
子は親が好きだからこそ「心の病」になり、親を救おうとしている。精神科医である著者が説く、親子という「生きづらさ」の原点とその解決法。

クマにあったらどうするか　姉崎等　片山龍峯
「クマは師匠」と語り遺した狩人が、アイヌ民族の知恵と自身の経験から導き出した超実践クマ対処法。クマと人間の共存する形が見えてくる。（遠藤ケイ）

脳はなぜ「心」を作ったのか　前野隆司
「意識」とは何か。どこまでが「私」なのか。死んだら「心」はどうなるのか。――「意識」と「心」の謎に挑んだ話題の本の文庫化。（夢枕獏）

しかもフタが無い　ヨシタケシンスケ
「絵本の種」となるアイデアスケッチがそのまま本に。くすっと笑えて、なぜかほっとするイラスト集です。ヨシタケさんの「頭の中」に読者をご招待！

トランプ自伝　ドナルド・トランプ／トニー・シュウォーツ　相原真理子訳
一代で巨万の富を築いたアメリカの不動産王ドナルド・トランプが、その華麗なる取引の手法を赤裸々に明かす。（ロバート・キヨサキ）

スタバではグランデを買え！　吉本佳生
身近な生活で接するものやサービスの価格を、やさしい経済学で読み解く。「取引コスト」という概念で学ぶ、消費者のための経済学入門。（西村喜良）

「社会を変える」を仕事にする　駒崎弘樹
元ＩＴベンチャー経営者が東京の下町で始めた「病児保育サービス」が全国に拡大。「地域を変える」が「世の中を変える」につながった。

戦略読書日記　楠木建
『一勝九敗』から『日本永代蔵』まで。競争戦略の第一人者が自著を含む22冊の本との対話を通じて考えた戦略と経営の本質。（出口治明）

仕事に生かす地頭力　細谷功
仕事とは何なのか？　本当に考えるとはどういうことか？　ストーリー仕立てで地頭力の本質を学び、問題解決能力が自然に育つ本。（海老原嗣生）

増補　転落の歴史に何を見るか　齋藤健
奉天会戦からノモンハン事件に至る34年間、日本は内発的改革を試みたが失敗し、敗戦に至った。近代史を様々な角度から見直し、その原因を追究する。

座右の古典　鎌田浩毅
読むほどに教養が身につく！　古今東西の必読古典50冊を厳選し項目別に分かりやすく解説。京大人気教授が伝授する、忙しい現代人のための古典案内。

新版　一生モノの勉強法　鎌田浩毅
京大人気№１教授が長年実践している時間術、ツール術、読書術から人脈術まで、最適の戦略を余すところなく大公開。「人間力を磨く」学び方とは？

「読まなくてもいい本」の読書案内　橘玲
時間は有限だから「古いパラダイムで書かれた本」は捨てよう！「今、読むべき本」が浮かび上がる驚きの読書術。文庫版書き下ろしを付加。（吉川浩満）

ほんとうの味方のつくりかた　松浦弥太郎
一人の力は小さいから、豊かな人生に〈味方〉の存在は欠かせません。若い君に贈る、大切な味方の見つけ方と育て方を教える人生の手引書。（水野仁輔）

年収90万円でハッピーライフ　大原扁理

世界一周をしたり、隠居生活をしたり。「フツー」に進学、就職してなくても毎日は楽しい。ハッピー思考術と、大原流の衣食住で楽になる。（小島慶子）

ぼくたちは習慣で、できている。 増補版　佐々木典士

先延ばししてしまうのは意志が弱いせいじゃない。良い習慣を身につけ、悪い習慣をやめるステップを55に増補。世界累計部数20万突破。（ｐｈａ）

ぼくたちに、もうモノは必要ない。 増補版　佐々木典士

23カ国語で翻訳。モノを手放せば、毎日の生活も人との関係も変わる。手放す方法最終リストを大幅増補し、80のルールに！（やまぐちせいこ）

はたらかないで、たらふく食べたい 増補版　栗原康

カネ、カネ、カネの世の中で、ムダで結構。無用で上等。爆笑しながら解放される痛快社会エッセイ。文庫化にあたり50頁分増補。（早助よう子）

半農半Xという生き方【決定版】　塩見直紀

農業をやりつつ好きなことをする「半農半X」を提唱した画期的な本。就職以外の生き方、転職、移住後の生き方として。帯文＝藻谷浩介（山崎亮）

減速して自由に生きる　髙坂勝

自分の時間もなく働く人生よりも自分の店を持ち人と交流したいと開店。具体的なコツと、独立した生き方。一章分加筆。帯文＝村上龍（山田玲司）

自作の小屋で暮らそう　高村友也

好きなだけ読書したり寝たりできる。誰にも文句を言われず、毎日生活ができる。そんな場所の作り方。推薦文＝髙坂勝（かとうちあき）

ナリワイをつくる　伊藤洋志

暮らしの中で需要を見つけ月3万円の仕事を作り、それを何本か持てば生活は成り立つ。ＤＩＹ・複業・お裾分けを駆使し仲間も増える。（鷲田清一）

現実脱出論 増補版　坂口恭平

「現実」それにはバイアスがかかっている。目の前の「現実」が変わって見える本。文庫化に際し一章分「現実創造論」を書き下ろした。（安藤礼二）

自分をいかして生きる　西村佳哲

「いい仕事」には、その人の存在まるごと入ってるんじゃないか。『自分の仕事をつくる』から6年、長い手紙のような思考の記録。（平川克美）

かかわり方のまなび方　西村佳哲

「仕事」の先には必ず人が居る。自分を人を十全に活かすこと。それが「いい仕事」につながる。その方策を探った働き方研究第三弾。（向谷地生良）

人生をいじくり回してはいけない　水木しげる

水木サンが見たこの世の地獄と天国。人生、自然の流れに身を委ね、のんびり暮らそうというエッセイ。推薦文＝外山滋比古、中川翔子（大泉実成）

「ひきこもり」救出マニュアル〈実践編〉　斎藤環

「ひきこもり」治療に詳しい著者が、具体的な疑問に答えた、本当に役に立つ処方箋。理論編に続く、実践編。参考文献、「文庫版　補足と解説」を付す。

ひきこもりはなぜ「治る」のか？　斎藤環

「ひきこもり」研究の第一人者の著者が、ラカン、コフート等の精神分析理論でひきこもる人の精神病理を読み解き、家族の対応法を解説する。（井出草平）

人は変われる　高橋和巳

人は大人になった後でこそ、自分を変えられる。多くの事例をあげ「運命を変えて、どう生きるか」を考察した名著、待望の文庫化。（中江有里）

消えたい　高橋和巳

自殺欲求を「消えたい」と表現する、親から虐待された人々。彼らの育ち方、その後の人生、苦しみを丁寧にたどり、人間の幸せの意味を考える。（橋本治）

家族を亡くしたあなたに　キャサリン・M・サンダーズ　白根美保子訳

家族や大切な人を失ったあとには深い悲しみが長く続く。悲しみのプロセスを理解し乗り越えるための、思いやりにあふれたアドバイス。（中下大樹）

加害者は変われるか？　信田さよ子

家庭という密室で、DVや虐待は起きる。「普通の人」がなぜ？　加害者を正面から見つめ分析し、再発を防ぐ考察につなげた、初めての本。（牟田和恵）

パーソナリティ障害がわかる本　岡田尊司

性格は変えられる。「パーソナリティ障害」を「個性」に変えるために、本人や周囲の人がどう対応し、どう工夫したらよいかがわかる。（山登敬之）

生きるかなしみ　山田太一編

人は誰でも心の底に、様々なかなしみを抱きながら生きている。「生きるかなしみ」と真摯に直面し、人生の幅と厚みを増した先人達の諸相を読む。

アーキテクチャの生態系　濱野智史

2ちゃんねる、ニコニコ動画、初音ミク……。日本独自の進化を遂げたウェブ環境を見渡す、新世代の社会分析。待望の文庫化。（佐々木俊尚）

「居場所」のない男、「時間」がない女　水無田気流

「世界一孤独」な男たちと「時限ばかり」の女たち。全員が幸せになる策はあるか――？　社会を分断する溝に、気鋭の社会学者が向き合う。（内田良）

他人《ひと》のセックスを見ながら考えた　田房永子

人気の漫画家が、かつてエロ本ライターとして取材した風俗やAVから、テレビやアイドルに至るまで、男女の欲望と快楽を考える。（樋口毅宏）

ファッションフード、あります。　畑中三応子

ティラミス、もつ鍋、B級グルメ……激しくはやりすたりを繰り返す食べ物から日本社会の一断面を切り取った痛快な文化史。年表付。（平松洋子）

9条どうでしょう　内田樹／小田嶋隆／平川克美／町山智浩

「改憲論議」の閉塞状態を打ち破るには、「虎の尾を踏むのを恐れない」言葉の力が必要である。四人の書き手によるユニークな洞察が満載の憲法論！

反社会学講座　パオロ・マッツァリーノ

恣意的なデータを使用し、権威的な発想で人に説教する困った学問「社会学」の暴走をエンターテイメントな議論で撃つ！　真の啓蒙は笑いから。

日本の気配　増補版　武田砂鉄

「個人が物申せば社会の輪郭はボヤけない」。最新の出来事にも、解決されていない事件にも粘り強く憤る。その後の展開を大幅に増補。（中島京子）

狂い咲け、フリーダム　栗原康 編

国に縛られない自由を求めて気鋭の研究者が編む。大杉栄、伊藤野枝、中浜哲、朴烈、金子文子、平岡正明、田中美津ほか。帯文＝ブレイディみかこ

花の命はノー・フューチャー　ブレイディみかこ

移民、パンク、LGBT、貧困層。地べたから見た英国社会をスカッとした笑いとともに描く。200頁分の大幅増補！　推薦文＝佐藤亜紀（栗原康）

ジンセイハ、オンガクデアル　ブレイディみかこ

貧困、差別。社会の歪みの中の「底辺託児所」シリーズ誕生。著者自身が読み返す度に初心にかえるという珠玉のエッセイを収録。

野に咲く花の生態図鑑【秋冬篇】	多田多恵子	寒さが強まる過酷な季節にあえて花を咲かせ実をつける理由とは？ 人気の植物学者が、秋から早春にかけて野山を彩る植物の、知略に満ちた生態を紹介。
花と昆虫、不思議なだましあい発見記	田中肇 正者章子	ご存じですか？ 道端の花々と昆虫のあいだで、驚くべきかけひきが行なわれていることを。花と昆虫のだましあいをイラストとともにやさしく解説。
増補 へんな毒 すごい毒	田中真知	フグ、キノコ、火山ガス、細菌、麻薬……自然界にあふれる毒の世界。その作用の仕組みから解毒法、さらには毒にまつわる事件なども交えて案内する。
熊を殺すと雨が降る	遠藤ケイ	山で生きるには、自然についての知識を磨き、己れの技量を謙虚に見極めねばならない。山村に暮らす人びとの生業、猟法、川漁を克明に描く。
私の脳で起こったこと	樋口直美	「レビー小体型認知症」本人による、世界初となる自己観察と思索の記録。認知症とは、人間とは、生きるとは何かを考えさせる。（伊藤亜紗）
ゴリラに学ぶ男らしさ	山極寿一	自尊心をもてあまし、孤立する男たち。その葛藤は何に由来するのか？ 身体や心に刻印されたオスの進化的な特性を明らかにし、男の懊悩を解き明かす。
ニセ科学を10倍楽しむ本	山本弘	「血液型性格診断」「ゲーム脳」など世間に広がるニセ科学。人気SF作家が会話形式でわかりやすく教える、だまされないための科学リテラシー入門。
増補 サバイバル！	服部文祥	岩魚を釣り、焚き火で調理し、月の下で眠る――。異能の登山家は極限の状況で何を考えるのか？ 生きることを命がけで問う山岳ノンフィクション。
いのちと放射能	柳澤桂子	放射性物質による汚染の怖さ。癌や突然変異が引き起こされる仕組みをわかりやすく解説し、命を受け継ぐ私たちの自覚を問う。（永田文夫）
イワナの夏	湯川豊	釣りは楽しく哀しく、こっけいで厳粛だ。日本の川で、また、アメリカで、出会うのは魚ばかりではない、自然との素敵な交遊記。（川本三郎）

生き延びるためのラカン　斎藤環

幻想と現実が接近しているこの世界で、できるだけリアルに生き延びるためのラカン解説書にして精神分析入門書。カバー絵・荒木飛呂彦　（中島義道）

人生を〈半分〉降りる　中島義道

哲学的に生きるには〈半隠遁〉というスタイルを貫くしかない。「清貧」とは異なるその意味と方法を、自身の体験を素材に解き明かす。　（中野翠）

私の幸福論　福田恆存

この世は不平等だ。何と言おうと！　しかしあなたは幸福にならなければ……。平易な言葉で生きることの意味を説く刺激的な書。　（中野翠）

ちぐはぐな身体《からだ》　鷲田清一

ファッションは、だらしなく着くずすことから始まる。中高生の制服の着崩し、コムデギャルソン、刺青等から身体論を語る。　（永江朗）

エーゲ　永遠回帰の海　立花隆

ギリシャ・ローマ文明の核心部を旅し、人類の思考の普遍性に立って、西欧文明がおこなった精神の活動を再構築する思索旅行記。カラー写真満載。

独学のすすめ　加藤秀俊

教育の混迷と意欲の喪失には出口が見えないが、IT技術は「独学」の可能性を広げている。「やる気」という視点から教育の原点に迫る。　（竹内洋）

レトリックと詭弁　香西秀信

「沈黙を強いる問い」「論点のすり替え」など、議論に仕掛けられた巧妙な罠に陥ることなく、詐術に打ち勝つ方法を伝授する。

希望格差社会　山田昌弘

職業・家庭・教育の全てが二極化し、「努力は報われない」と感じた人々から希望が消えるリスク社会日本。「格差社会」論はここから始まった！

ことばが劈《ひら》かれるとき　竹内敏晴

ことばとこえとからだと、それは自分と世界との境界線だ。幼時に耳を病んだ著者が、いかにことばを回復し、自分をとり戻したか。

現人神の創作者たち（上・下）　山本七平

日本を破滅の戦争に引きずり込んだ呪縛の正体とは何か。幕府の正統性を証明しようとして、逆に「尊皇思想」が成立する過程を描く。　（山本良樹）

ちくま文庫

半年《はんとし》で職場《しょくば》の星《ほし》になる！
働《はたら》くためのコミュニケーション力《りょく》

二〇一三年四月十日　第一刷発行
二〇二四年九月十日　第六刷発行

著　者　山田ズーニー（やまだ・ずーにー）
発行者　増田健史
発行所　株式会社　筑摩書房
東京都台東区蔵前二―五―三　〒一一一―八七五五
電話番号　〇三―五六八七―二六〇一（代表）
装幀者　安野光雅
印刷所　株式会社精興社
製本所　株式会社積信堂

ISBN978-4-480-43059-5　C0195